大学改革

秩序の崩壊と再編

天野郁夫
Amano Ikuo

東京大学出版会

University Reform: Policies and Realities
Ikuo AMANO
University of Tokyo Press, 2004
ISBN4-13-053077-1

はじめに

この数年、大学改革の流れが一挙に加速されたように感じられてなりません。大学を離れてから9年目になりますが、国立学校財務センターという小さな共同利用機関の、さらに小さな研究部で大学改革の動きを見つめ、またその動きにかかわりをもってきました。そのセンターもこの4月には独立行政法人になり、依然として小さいまま、名称だけ国立大学財務・経営センターと大きくなりました。国立大学の「財務」はともかく、「経営」を看板に掲げる機関が存在するようになったことに、あらためて大学改革の流れの激変を感じずにはいられません。

新しい世紀に入って一挙に加速されたその改革の動きは、いま次々に具体化の段階を迎えています。国立大学法人・専門職大学院・認証評価などの諸制度が一斉に発足した２００４年は、１９９０年代以降進展してきた一連の大学改革の中でも、エポックメーキングな年として、関係者の間で記憶されることになるでしょう。なぜなら、それら一連の改革は、これまで長期にわたってわが国の大学と高等教育システムを支配してきたさまざまな秩序の、根底的な変革をもたらさずにはおかない、強い衝撃力を持っていると思われるからです。

90年代に入るころから揺らぎ、崩れ始めたその伝統的な秩序ですが、この数年の改革はそうした秩序の崩壊をさらに促し、破壊する役割を果たしてきたといってよいでしょう。高等教育システムのさまざまな部分で、外的な圧力や内的な力の変化の結果として、伝統的な秩序のなにがどのように崩れ、破壊されつつあるのか、さらにはそのなかから、新しいどのような秩序が生まれ、立ち上がろうとしているのか。この本は、そうした崩壊と再生の同時進行的な過程が生み出す混沌状態の中にある、日本の大学・高等教育について、一人の研究者・関係者として試みてきた現状分析の結果に他なりません。

その現状分析は7つの章から構成されています。

最初の1章は、全体の序論に当たるものです。いま中央教育審議会の大学分科会では、高等教育の「グランド・デザイン」の検討が進められていますが、90年代に始まった大学改革の現在に至る流れを文部科学省の諸政策を中心に跡づけ、2004年のいまの時点でなぜ、またどのようなグランド・デザインの提示が求められているのかを明らかにすることが、ここでの主題です。

2章から6章にいたる5つの章では、いわば各論として、改革の流れを捉える5つの戦略的な視点を設定しました。

2章は、さまざまな統計データや実態の分析を通して、ひとつのシステムとしてみた高等教育の変動を多角的にとらえ、そのなかに近未来の変革の方向性を探りあてる試みをしたものです。また3章では、この数年、改革の最大のターゲットとされてきた国立大学の問題に、いわゆる「遠山プラン」と法人化を切り口に、考察を加えました。

4章では評価システムの構築、5章では専門職大学院の問題を取り上げました。いずれもこの春に制度として発足したばかりであり、具体的な形はまだ十分に見えてはいません。しかしそれが大学改革全体に及ぼす影響、衝撃には大きなものがあると予想されます。とくに「事前規制から事後チェックへ」を合言葉に、設置基準の大幅な運用緩和と引き換えに導入される、「新しい質の保証」装置としての「評価システム」の成否は、わが国の大学の行方を大きく左右することになるでしょう。また「専門職大学院」制度の発足が投げかける問題も、大学院制度に限らず、高等教育のさまざまな領域に強い衝撃を及ぼさずにはおかないでしょう。

6章は、大学の「教育」改革が主題です。大学改革のいわば尖兵として90年代に始まった「教育」改革はいま、研究偏重の傾向や職業主義の浸透、学力低下の問題化などのもと、新しい局面を迎えようとしています。学部段階の教育をどのように再編し、再構築していくのか。この数年は産官学連携や「21世紀COE」など、研究の側面ばかりが強調されていますが、学部教育のあり方は、大学改革の全体を左右する最重要の課題と見るべきでしょう。

最後の7章は、これまでの考察を総括し、改革の全体像を俯瞰したものです。規制改革に象徴される強い「外圧」につき動かされる形で、改革全体の中での位置づけについても、それがもたらすだろうさまざまな二次的な効果についても、十分に検討されることのないままに次々に繰り出される改革のための諸政策は、相互にどのような関係にあり、どのような問題をはらみ、そこからどのような新しい秩序を生みだそうとしているのか。さまざまな改革の課題や政策の布置連関を描く試みをしてみました。

高等教育研究者のひとりとして、速度を増した改革の流れの中で、立ち止まってその全体像を捉え、基底にあるものを探り当てる努力の一端を、『日本の高等教育システム』にまとめ、同じ東京大学出版会から刊行したのは、2003年の春のことです。そこでは戦後半世紀の大学と高等教育の歴史的な変動過程の中に、改革の現在を位置づける努力をしたのですが、それからわずか1年余り後のいま、読み返してみると、この数年の改革のテンポの速さを改めて痛感せずにはいられません。

その前著の諸章は、先立つ数年間に書き溜めた論文を再編したものですが、今回の新著の諸章は、さまざまな集まりで依頼されて行った講演の記録を整理し、加筆したものからなっています。与えられた機会とテーマを生かして、さまざまな角度から可能な限り、改革の基本的な流れを集約するような講演内容を用意すべく、それなりの努力をしたつもりです。その結果、各章の間で若干の重複は免れませんが、論文の集成とは一味違った、具体的で読みやすい内容になったのではないかと思います。改革の現場にあって、きびしい現実に日々向き合い、方向性を模索しておられるであろう読者の方々に、本書がなにがしかのお役に立つのであれば幸いです。

本書と同様に現状分析を試みた本としては、同じ東京大学出版会から、UP選書の形でほぼ5年おきに出された『大学―試練の時代』（1988）、『大学―変革の時代』（1994）、『大学―挑戦の時代』（1999）の三部作があります。再び5年を経て、その続編に当たる本書の刊行を勧めてくれたのは、前の3冊と同じ編集者の佐藤修さんです。出版事情がますますきびしくなるなか、今回もこころよく刊行の機会を与えてくださったことに、心より謝意を表したいと思います。

天野郁夫

2004年　盛夏

目次

1章　大学改革——いま何が問題か

大学改革の流れ

いま、大学改革の何が問題なのか。それを考える手掛りとしてはじめに簡単に、これまでの改革の流れを概観しておきたいと思います。

ご承知のように1987年に内閣直属の臨時教育審議会が最終答申を出し、それに基づいて、大学審議会が設置されました。その大学審議会の答申が出始めるのが、90年代に入ってからです。さまざまな答申が出されて、90年代は改革の時代になりました。その改革は一言で言えば「規制緩和」を目標にした改革であったと言ってよいと思います。文部省の大学に対する、あるいは高等教育システムに対する規制の緩和であり、その中核は設置基準の見直しでした。

91年に大学審議会から「大学教育の改善について」という答申が出され、大学教育の大綱化、自由化が言われたことはご承知の通りです。それだけでなく、設置基準を中心にした文部省の高等教育行政、特に認可行政の大幅な見直しがこの時期に行われました。それまで高等教育については入学定員の総枠抑制、大都市から地方への分散、看護・福祉など特定領域の人材養成の強調などの政策が取られてきましたが、70年代の半ばから続いてきた、その高等教育計画の時代がほぼ終わったわけです。

90年代に入ってからも、91年と97年に大学審から「将来構想」という名前で高等教育計画に関する答申が出ていますが、いずれも具体的な計画目標は設定されていません。計画に代わって強調されるようになったのは競争原理の導入です。大学審の諸答申を整理した文部省の文書を見ると、それが「個性化・高度化・活性化」という三つのキーワードで表現されていることがわかります。

このように競争原理を導入する、設置基準の運用の緩和をするということは、別の言い方をすれば、文部科学省が高等教育に対して持つ政策的な手段の弱体化を意味しています。その象徴が臨時定員増と恒常定員化の問題とみてよいでしょう。ご承知のように1992年にやってくる18歳人口のピーク時に進学率を下げないために、80年代の計画で文部省は、大学に臨時的な定員増を認めることにしました。恒常的な定員増と臨時的定員増を、ほぼ1対1の割合で認めるという計画でしたが、実際には予想を上回る臨時定員増が生じて、進学率は下がるどころか上がる結果になりました。しかもその後始末として文部科学省は、臨時定員増分の2分の1については、恒常定員化することを認めざるを得なくなったのです。

つまりそれまで厳しく抑制してきた定員増、水増し率の抑制をやめて、合法的な入学者の水増しを認め、しかも恒常定員化するかたちで事実上、定員抑制策を放棄したわけです。特に大都市部の大規模私学が、臨時定員増分の2分の1までの恒常定員化を認められたことは、それまで定員増が厳しく抑制されていたのですから、大きな変化でした。

それと同時に、90年代には「大学評価」の必要性が言われるようになりました。設置基準を大綱化して、教育課程の編成を自由にする。その代わりに各大学は自己点検・評価の努力をしてほしいということで、特に国立大学については、自己点検評価報告書の提出が義務づけられました。

90年代にはまた、高等教育システムを形づくってきた、さまざまな制度の境界がだんだんあいまい化して、「大学とは何か」があらためて問われなければならない状態が生じました。戦後50年近く日本の高等教育システムを支配してきた伝統的な秩序が、あちこちで揺らぎ始めたのです。

秩序の揺らぎは、1970年前後の大学紛争の時代にすでに始まっていました。当時、大学はさまざまな改革案をつくりましたが、その後も実態はほとんど変わりませんでした。1971（昭和46）年に出されたので「四六答申」と呼ばれる中教審答申も、部分的にしか実現されず、大学は全体としてほとんど変わらないまま90年代を迎えたわけです。それが急激に変わり始めました。その変化を象徴しているのが、91年の「大学教育の改善について」答申がもたらした、一般教育課程の解体と教養部の消滅です。国立大学では数年のうちに（東京大学の教養学部だけを残して）すべての教養部が姿を消しました。また私学について言えば、多様な名前の学部や学科が次々に新設されるようになりました。新名称学部、四文字学部、六文字学部などと呼ばれる学部が多数、設置される状態が生じたわけです。

変化は高等教育システム内部の秩序にも及んでいきました。例えば短大、専修学校から大学への編入を認める、学位の認定制度を導入する、単位互換や単位認定制度を大幅に取り入れる、また大学院への飛び入学も始まりました。つまり大学・短大・専修学校・大学院という制度の構成部分を区切っていた境目を、次々に緩める方向で、改革が進められるようになったのです。

それだけでなく国立大学については、これまで学部中心であったのが、学部所属の教員を全員大学院に移し、いわば学部を大学院の付属のかたちにしてしまう。大学院の「部局化」と呼ばれていますが、そうした組織編成の新しい方式をとる大学が10校を超えました。また明治以来の講座制についても、これまでの1人1講座のかたちを崩して、ひとつの講座に3人も4人もの教授がいる、大講座化が進行しはじめました。

それから大学と社会との関係では、生涯学習社会の到来ということもあって、社会人入学が奨励されはじめました。教員についても、とくに新名称学部絡みで実務家教員といいますか、オーソドックスな大学院の修了者ではない、ジャーナリストであるとか企業人、技術者、官僚などが多数、大学の教員に任用されるようになりました。さらに産学共同、産官学共同が言われ、とくに産業界との交流が望ましいことだとされて、大学と社会との間の制度的な境界も次第に崩れはじめたのです。

制度改革の圧力

こうした動きは90年代に入る頃から顕著になり、現在に至っているわけですが、90年代の末頃から西暦2000年代にかけて、今度は秩序が揺らぐ、自由化を進めて秩序を揺さぶるというだけでなく、秩序を破壊するような政策的な動きが強くなってきました。それは文部行政の外側から、行財政改革の圧力が強くかかってきたことと大きく関係しています。とくに政府の総合規制改革会議のホコ先が、文部科学行政に対する大きな外圧として及んできました。その「規制改革」の要求はいまでは文教行政について、行政機関である文科省による規制の全面的な緩和、大学についていえば設置基準、設置認可行政そのものの廃止の要求にまで及んでいます。

そうした圧力を象徴するキーワードが、「事前規制から事後チェックへ」です。大学や高等教育システムに対する文科省の事前規制はなくして、全面的に事後チェックに委ねるべきだという形で、伝統的な秩序を破壊する力が文部行政の外から及んできたのです。

国立大学の法人化はそのひとつの表れといってよいでしょう。ご承知のように1999年に独立行政法人の通則法が成立しますと、国立大学にもこれを適用すべきだという意見が強くなってきました。当時の有馬朗人文部大臣は元東京大学総長ですが、押し切られて、2000年には国立大学の法人化に関する検討会議を、国立大学協会のメンバーを加えてつくらざるを得なくなりました。それは明治以来続いてきた国立大学の制度を全面的に変えようという動きでした。

その1年後の2001年には突如、「遠山プラン」と呼ばれる政策が文部科学省から出されました。これによって国立大学の法人化だけでなく、国立大学の再編・統合も進めるべきである、1県1国立大学は守るべき原則ではない、教員養成学部を各県に一つずつ置いているのは歴史的な経緯があってのことだが、それにこだわるものではないなど、あとで詳しくふれますが、当時99校あった国立大学を再編・統合する方針が鮮明に打ち出されたわけです。

それだけでなく、国立大学の予算配分の基礎になってきた「積算校費制」を全面的に廃止して、基盤的校費という名前で一括配分し、それを学内でどう配分して使うかは各大学の自由ということになりました。講座制についても、これまでは省令でどんな講座をいくつ置くか、個別・具体的に定められていたのを廃止して、講座を置くか置かないか、どのような講座を置くかは、それぞれの大学の自由ということになりました。結局2004年春には、すべての国立大学が法人化されることになりましたが、それ以前にすでに大きな変化が進行していたわけです。

またこれまで文部科学省の提供する研究費は、科学研究費のような個人対象のものだけ、つまり研究者個人が応募し、審査を受けて獲得する研究費だけでした。それが「遠山プラン」のひとつの柱として「トップ30」という名前でCOE (Center of Excellence) 育成の研究費制度がつくられることになりました。その後「21世紀COE」と名前が変わりますが、国際的な研究拠点になるような大学に、国公私の別を問わず応募・審査方式で研究費を配分する。個人でなく組織に対して研究費予算を重点配分するという、これまでにない資金の配分方式が登場してきました。

国公私の別を超えてということでは、設置形態そのものの制度的な境界もあいまいになり始めました。80年代にはすでに「公私協力方式」ということで、公設民営の大学が設立されるようになり、公と私の境界があいまいになり始めていましたが、今度は国立大学を法人化することになりました。それだけでなく、私立の学校法人と国立大学法人とはどう違うのか、国立大学をさらに進めて民営化すべきではないか、つまり学校法人と同じにすべきではないかという議論まで登場してきています。

こうしたさまざまな改革が進行するなかで、高等教育システムのそれぞれの構成部分、具体的には大学・短大・専修学校・高専・大学院といった構成部分間の制度的な境界があいまいになってきました。講座制が廃止されたことは、学問体系そのものの境界があいまい化してきたことを象徴しています。最近は、学部・学科の再編・新設も自由化が進み、一定の範囲内でなら届出制で、学部や学科を改編し新設できるようになっています。

学士号が正規の学位になったのは、1991年の学位令改正によってですが、その「学士（○○）」という名称の括弧書きの中がいまや500以上になり、たとえば「学士（国際コミュニケーション）」といった表記の仕方になっています。それを見ただけではこの人が何を学んできたのか、わからないような状況になっている。学問的な境界が教育の面でも大きく崩れてきているのです。

こうした変化が進行する中で、新しい「質の保証」システムが必要だという議論が出てきました。設置認可行政が大きく変わり、設置基準そのものが大幅に引き下げられて「何でもあり」状態になれば、それに代わって質を保証する装置が必要になる。「事前規制」に代わる「事後チェック」の仕組みが必要だというわけです。

これからは、高等教育も市場主義の時代で、規制を緩和して競争原理を大幅に導入する。大学間の自由な競争に委ねておけば、「見えざる手」が働いて効率的な教育システムができるのではないか。自由主義経済学者たちはそう言っています。教育は可能な限り規制しない方がいい。小中学校から学校選択の自由を認めた方がいい。互いに競争させれば教育が活性化され、質が向上するというのです。

しかし、文部科学省は教育の完全な市場主義化にはとてもふみ切れません。新しい質の保証装置をつくらないと、市場の原理に委ねただけでは危ないという不安感がある。そこで新たに大学の評価システムを導入すべきだという話になりました。最初は、各高等教育機関が「自己点検・評価」の努力をすべきだとされていましたが、そのうちに自己点検評価が努力義務から実施義務になりました。1998年の大学審の「21世紀の大学像」答申でそうなったのですが、その後2002年の中教審答申で、ご承知のようにこれまで努力義務だった第三者評価をすべての高等教育機関に義務づける、学校教育法を改正して実施義務とすることになりました。

これは一面から見ると、大学の持つ独自性に着目した考え方で、結構なことではないかと思われるのですが、本当にそうなのかどうか、後でふれるように、難しい問題があるように思います。ともあれ文部科学省は、2002年の中教審大学分科会答申をうけて、第三者評価をすべての高等教育機関に義務づけ、その評価を行う機関を文部科学省が「認証」することになりました。これを「認証評価制度」と呼んでいます。つまり文部科学省が認証した評価機関の評価を、すべての大学、短大に義務づける。それが「認証評価制度」で、これによって質を担保しようという考え方になったわけです。

こうした変化をふくめて、ここ数年の間に伝統的な秩序を破壊する動きはますます強まり、さまざまなところで秩序が崩されていく。今では株式会社大学・大学院の設置を、「構造改革特区」に限ってですが、認可するところまで来ています。

高等教育行政の再編へ

こうした、あとの諸章で詳しくふれることになる一連の改革のあと、中教審の大学分科会ではいま、新たにグランド・デザインの検討が始まっています。これまで行ってきた改革の総仕上げとして、グランド・デザインを描いて提示する必要がある。別の見方をすれば、これまでの伝統的な秩序の揺らぎや破壊を経たあとで、改めて新しい秩序をどうつくるのかが問題になってきた、といってよいでしょう。

一連の改革はこれまでピースミールにといいますか、部分的に問題が出てくるたびに、それに対応する形で進められてきました。2002年に出された中教審大学分科会の三つの答申を見ると、そのことがよくわかります。例えば法科大学院をどうするか、専門職大学院をどうするか、さらには設置認可行政をどうするかという個別のテーマに対応するために、それぞれに別の部会を設け、個別の検討をしてきたわけですが、その議論の過程で繰り返し改革の全体的な方向がはっきりしない、見えないということが指摘され、グランド・デザインへの強い期待が出てきました。

ただ、何をグランド・デザインと呼ぶのかについては、関係者の間、大学分科会の委員の間でも意見の違いがあり、どんなかたちで答申が書かれることになるのか、いまの時点ではまだ見当がついていません。これまでシステムのさまざまな部分に、手をつけて改革を進めてきましたが、その改革の結果としてどのような高等教育システム、大学の形が未来に待っているのかが見えない。それが見えるようにする努力を、どこかでしなければいけないという点だけで、大方の意見が一致しているというのが現状です。

いずれにしても、そのなかで第一に検討されるべき問題として、高等教育行政自体の再編があるのではないかと思います。具体的にはどのような政策手段を使って、高等教育システムを望ましい方向に動かしていくのかという問題です。大学のもつ公共的な性格を考えれば、自由放任で、各大学の好きなようにやってもらえばいいというわけには、いかないからです。

アメリカは自由放任でやっているではないか、という議論もありますが、それは誤解というべきでしょう。アメリカの大学の、在学者比で約7割をしめる公立大学はすべて、州政府のコントロールの下におかれています。カリフォルニア州で、なぜカリフォルニア大学とカリフォルニア州立大学、コミュニティカレッジの3層構造が保たれているかといえば、それは行政が強い統制権限を持っているからです。カリフォルニア州立大学は修士課程しか持つことができない。博士課程を持ち、学位授与権を完全に持つカリフォルニア大学に昇格した州立大学は、1校もありません。それだけ厳しい行政の枠がはまっています。

私立大学についても枠がないかに見えますが、連邦政府が補助金や奨学金行政を通じて、間接的ですがコントロールしている。市場主義の母国ともいうべきアメリカでも大学、高等教育システムは市場の見えざる手だけで成り立っているわけではありません。一つひとつの州が、高等教育について明確な政策を持っているのです。日本も国全体として、一体どのような政策手段によって高等教育システムを、望ましい方向に運営していくのかを考えなければなりません。

これまでみてきたように、文部科学省にとって、設置認可行政がこれまで最も有力な政策手段でした。それをうまく使って高等教育システムをコントロールしてきたわけです。設置認可行政は本来、その名の通り大学の設置認可にかかわる行政です。それを巧みに高等教育計画と結びつけて使い、大都市部ではこれ以上、大学・学部の新設認可をしない、特定専門領域の学部しか新設を認めないという形で、高等教育システムをコントロールしてきたのですが、規制改革のなかでそれが使えなくなってきました。

では、それに代わる何によって高等教育システムをコントロールしていくのかといえば、一つは資金です。アメリカの連邦政府が大学をコントロールしているのも、補助金と奨学金政策です。これからは日本の場合にも、補助金制度をインセンティブ・システムとして使って、方向づけをしていかなければならないでしょう。

70年代後半に高等教育計画が発足したことは、先にふれた通りですが、高等教育計画の策定とほぼ同時に、文部科学省は私学助成を開始しました。その助成金の額は、一時は私立大学の経常費の3割程度を占めましたが、いまは1割程度でしかありません。しかしその1割程度でも、補助金が来るか来ないかは、人件費が経常費の6~7割を占める私立大学にとっては重要な問題です。そしてそれによって文部科学省は、私学をコントロールしてきたわけです。

最近は先ほどもふれたように補助金を使って研究面でのコントロールを強化しようという努力も始まっています。補助金はいつの時代にも、国立大学だけでなく私立大学や公立大学に対しても、コントロール・システムとして、あるいはインセンティブ・システムとして働いてきましたが、これからはますます重要性を増していくと思われます。

もう一つは先にふれた評価システムです。文部科学省は多元的な評価システムの必要性を強調していますが、文部科学省の「認証」した評価機関の評価を受けることをすべての大学に義務づけましたから、間接的とはいえこの評価システムもコントロールの装置として、大きな力を持つことになります。いま現在は認証された評価機関はありませんが、その候補として、ひとつは国立の大学評価・学位授与機構があります。いまは国立大学だけの評価を行っていますが、認証をうければ公・私立大学についても評価を行うことができるようになります。また、評価機関としてもっとも歴史の古い大学基準協会も、重要な候補のひとつですし、私立大学協会も、新しい評価機構を立ち上げようとしていますが、この種の評価機関を実際に運営していくためには相当の資金が必要です。といって、ここで文部科学省から補助金をもらえば、文部行政の下請け機関化してしまいかねない。評価機関がいくつもできて、多元的な評価が行われるのが望ましいと言いながら、国の補助金をもらわなければ運営できないというのでは、自由化、開放化の建前からしてもおかしいわけで、そこには難しい問題があります。

高等教育行政の変化として、最後にもっとも重要なのは、いうまでもなく国立大学法人の発足です。その国立大学の法人化は、別の見方をすれば、国立大学の運営の仕組みを、公・私立大学にとってもモデルとしての意味を持つようにしていくことを、隠れた意図として持っていると言えるかも知れません。現に公立大学は、国立大学が法人化されるとたちまち、それにならって法人化の方向に動き始めました。

私立大学は影響を受けないと考えられるかもしれませんが、よく考えて見れば私立大学の現在の内部運営組織自体、基本的に国立大学に似たかたちでつくられている。なによりも教授会自治が強い。どの私大でも経営の主体として理事会が置かれていますが、十数校の伝統的な私立大学では、理事の大部分は教授会の構成員からなっていることが知られています。教職員の選挙で選ばれた学長が理事長を兼ねる場合も少なくありません。理事会と教学側とが一体化した運営がされている大学が多いわけです。

国立大学法人では学長の選考は、学長選考委員会をつくり、経営協議会と評議会から同数の委員を任命して行う。経営協議会のメンバーの半数は学外の有識者にして外部の意見を入れる。学長を中心に設置される役員会が大きな権限を握りますが、ここにも学外者を入れることが望まれています。こうした国立大学法人の管理運営の仕組みは、さまざまなかたちで私学にも影響を及ぼさずにはおかないでしょう。事実、すでに理事会の役割を明確にし、強化するための私立学校法の改正作業が進んでいます。

また国立大学法人には、企業会計原則を導入することが決まっています。セグメント会計だとかベンチ・マーキング、パフォーマンス・インディケーターといった外来の会計用語が関係者の間で飛び交っています。国立大学法人の会計原則が変われば、私学の学校法人会計も変わらざるをえないでしょうし、効率的な予算配分の仕組みや、コスト・パフォーマンスを考えた資源配分を国立以上に重視しなければならなくなっていくでしょう。

文部科学省が国立大学法人の業績評価をどのようなかたちで行うのか、その前提となる計画や目標の評価をどうするのかも重要です。その具体的なかたちはまだ十分に見えていませんが、実績評価の結果によって予算の配分額を増減すると文部科学省は言っていますので、そのあり方によっては公立大学には当然のこととして、私立大学にも大きな影響が及ぶことが予想されます。

いずれにしても文部科学省のこれまでの高等教育行政は、行政機構の一部であった国立大学が法人化して、外に出るのと同時に、大幅に再編成されることになるでしょう。何よりも最大の現業部門がなくなってしまう。考えてみれば文部科学省は、国立大学という現業部門の上に乗った官庁です。文部科学省の職員の大部分は、実は国立大学の職員です。しかも本省のノンキャリアの職員は、国立大学でいわば現地採用された人たちの中から、さらに選抜されて本省に移った人たちです。文部科学省がノンキャリアの職員を直接大量に採用することはこれまでなかったわけです。

その国立大学が法人化して外に出て、それぞれが教職員の人事権を持つという制度設計になっていますから、文部科学省は否応なく大幅に変わらざるを得ない。かつての自治省のような存在になるのかもしれません。いずれにしても現業官庁ではなく、これからは政策立案を中心にする企画・政策官庁にならざるを得なくなるのではないか。

これまで文部科学省は、強い統制権限を持っていると言われてきました。それがいま、否定されようとしていますが、高等教育の公共性を担保するためにはどこまで介入し規制する必要があるのか、改めて問い直されなければなりません。大学や高等教育機関は、初中等教育の機関も同様ですが、国家の将来にかかわる重要な公共的な機能を持っているのですから、何らかのかたちで政府が介入をせざるを得ない。今は介入や規制をやめろという方向で強い外圧を受け、次々に規制改革を進めていますが、どこかで踏みとどまってこれは譲ることができないという一線を引かなければならない。そういう状況にいま来ているのだろうと思います。

資金配分の問題

こうした高等教育行政の再編の問題はそれぞれの大学や高等教育システムの改革の問題とも深くか

かわっています。グランド・デザインをめぐる議論のなかで、問題にされるだろう、あるいはされるべきいくつかの点についてみておきたいと思います。

まず一番目はファンディング・システムの問題です。国・公・私立間の資源配分、特に高等教育予算による公的な資金の配分は、国立に偏っているという議論があり、私学の間からは、イコール・フッティングをという要求も出されています。しかし国・公・私立の間のイコール・フッティングとは一体何を意味するのか。私立にも国・公立と同じだけの公的な資金を投入すべきだということなのか、何がイコール・フッティングなのかは、なかなか難しい問題です。

もし仮に、同額の公的な資金を投入するのであれば、国立大学法人と私立の大学法人・学校法人とは何の違いもなくなってしまうでしょう。私学も国立大学法人のように中期目標・中期計画を立てて経営面で政府の実績チェックを受けるということになれば、私学の独自性は失われてしまう。私立と国公立とのイコール・フッティングとは何かは、資金配分の問題と深いかかわり合いを持った難しい問題です。しかし、その問題をこれからは考えていかざるを得ないでしょう。

国立大学法人は、一定額の運営費交付金を国からもらって運営されることになります。それ以外に自己努力で、研究費や病院収入、授業料収入、寄付金などの外部資金を稼ぐ努力をしなさいといわれています。公立大学は地方交付税の形で、かなりの額の国家補助を受けています。授業料収入と地方交付税を足し合わせると、自治体の持ち出し分はゼロに近い公立大学もあるのではないかといわれていますが、地方分権化や財源の移譲がいわれるなかで、ここでも自己努力がきびしく求められつつあります。私立大学に経常費補助が出されていることは、先にふれたとおりです。それぞれの額は、国立が1兆6000億、公立はわかりませんが、私立が3000億程度で、こうした配分のバランスがいいのか悪いのかという問題もあるわけです。

もう一つ重要なのは、公的助成を組織に対してするのか、個人にするのかという問題です。その個人の中にはもちろん、教員も学生も入っています。学生の場合なら奨学金のかたちで出すのか、教員の場合なら科研費のような、個人ベースの競争的な研究資金の形で出すのかといった問題です。組織に対する補助というのは、現行のような私学の経常費助成方式か、COE予算や科研費のオーバーヘッド分のように研究費を組織に対して出すのかといった問題です。

このほかにもいろいろな問題があります。日本のGDPに占める高等教育への公的支出は0・5％程度で、先進諸国の半分しかありません。多くの関係者が主張するように、それを1％に上げることが、はたして今の状況で可能なのか。仮に可能だとして、増えた0・5％分を誰にどのように配分するのかという問題もあります。この点の議論もほとんどなされていません。

また、日本の場合には公的助成が少ないといわれますが、それは教育費の大部分が外部資金といいますか、民間資金によって賄われていることを意味しています。それでは外部資金、民間資金とは何なのか。授業料収入や寄付金、大学の基金や事業収入など、いろいろなものが考えられますが、一体それをどれだけどのようなかたちで、大学が手に入れる仕組みをつくっていくのか。

授業料は国立大学についても、もっと引き上げろという主張があります。法科大学院のような、卒業者に将来多額の収入が見込める分野では、高い授業料を取ればいいではないか。寄付金集めにももっと努力すべきだ。基金も充実しろ、営利事業をやって事業収入を増やせ、いろいろな話があります。しかし一体それぞれがどの程度の可能性があるのか、これもまたよくわからない問題です。

例えば寄付金の問題を一つとってみても、日本の民間財団の規模は基本金でいいますと、かつてはアメリカの100分の1と言われましたが、今は200分の1ぐらいかも知れません。いずれにしても経済不況が長期化した日本の財団では、基本金からえられる果実は減少する一方ですし、助成している額はそれよりもはるかに少ないわけですから、日本の財団にはアメリカのように、高等教育のある部分を支えるだけの資金提供は期待できない。

基金についても同様です。この間、イギリスの新聞を読んでいましたら、イギリスでもアメリカの大学に見習って基金収入を重視すべきだと言われているようです。オックスフォード大学の学長が「12世紀来のわが大学でもハーバードやスタンフォードの何分の1以下の基金しかない。それでもオックスフォードとケンブリッジは別格で、それ以外のイギリスの大学に至ってはさらに少ない。オックスフォードでも、年間予算の10%を賄えればいいところだ。アメリカの大学を例に引いて議論をするのはやめてほしい」ということを主張していました。

慶応や早稲田を含めて、日本の私学は、米英と比べるのもおこがましいくらい少額の基金しか持っていません。国立大学に至ってはまったくない。それなのにハーバード、スタンフォードを引き合いに出して基金拡充の話をするのはおよそナンセンスなのですが、そういう問題があります。

もう一つ有力なのは受益者負担論です。受益者が教育費を負担するのは当然ではないかというのですが、それでは受益者とは一体誰なのか。まずは授業料を負担している親や子供でしょうが、少なくとも親が受益者であるかどうかは疑わしい。教育費を負担しているのは親ですが、親が子供に扶養してもらえる保証はいまやまったくない。

それはともかく学生だけが、教育を受けた者だけが受益者なのかも、やはり問われなければなりません。安い給料で大学の卒業生を雇っている企業も、受益者ではないのか。採用した大学卒業者が、剰余価値を生まなければ企業は成り立たない。マルクスを持ち出すまでもなく、当然の話です。企業は受益者なのです。社会も、例えば医師や弁護士や教師といった専門的職業人の存在によって、受益者になっている。医師や弁護士になった人だけがお金をもうけているのではなくて、社会も国民も受益者であるわけです。

さらに言えば、国家自身が受益者でしょう。ヨーロッパでなぜすべての大学が事実上、国立かといえば、それは国家や社会が受益者であるからです。学生だけが受益者だとは考えられていない。ヨーロッパ諸国はそうした考え方でこれまで来ました。最近は少し変わってきて、ビジネススクール等の高い授業料を取る私立大学が、少数ですが開設されるようになっています。しかし原則はあくまでも国立・公立です。アメリカでも在学者の7割は公立で、授業料は安い水準に設定されています。受益者は誰なのか、日本ではあたかも学生だけのように言われていますが、そうではないはずだという点も議論していかないと、教育費負担の問題は解決されないでしょう。

民間資金の活用の問題については、税制が全く違うということが重要です。これも何遍も指摘されていることですが、政府は変えようとしない。アメリカでは税制からすると、相続税に取られるより大学に寄付した方がいいというので、大学に寄付をする人が多い。ところが日本では、寄付についても原則として税金を取る仕組みがずっと続いている。ですから、なかなか一般の人たちは寄付をしない。地方分権化の話と似ているのですが、税制改革をしないで、負担だけを押し付けて自立を求める。そうしたやり方ではなかなか改善されないと思います。

研究と教育のどちらにどれだけのお金をつぎ込むのかも、政策的な判断が必要な問題です。今は研究にお金を出すことは、無条件にいいことだと考えられていて、自然科学系を中心に多額の研究費が出されています。教育費を削っても研究費を増やすべきだというのが、経済が落ち目になってからの日本政府の判断です。

しかし、いうまでもないことですが、優秀な研究者は教育を経て育つのですから、一番重要なのは教育です。教育のお金を惜しめば優秀な研究者も育たないわけで、研究だけにお金をつぎ込むのは明らかに間違っています。教育と研究に、どういう比率でお金を配分するのか、研究費を無限に増やせばいいのか、という問題も問われなければならないでしょう。

資金についてはさらに配分方式の問題もあります。国立大学法人の場合、標準運営費交付金と特別運営費交付金というカテゴリーが設けられていますが、その比率がどのように設定されたのかは、必ずしも明らかではありません。教育と研究の間の配分については先ほどふれましたが、教育にしろ研究にしろ、資金を競争や評価に基づいて配るのか配らないのか、あるいは個人と組織のどちらにどのように配るのか、誰がそれを配るのかという問題は、よほど慎重に考えられなければなりません。

研究費はすでに多元化していて、文部科学省以外に厚生労働省や経済産業省、農林水産省もそれぞれに予算を持って、大学に研究費を出していますが、名寄せをしてみると特定の研究者がいろいろなところから多額の研究費を受け取っていることがわかってきました。それを放置していいのか、無駄遣いにならないかということで、いまの配分方式を考え直さなければならないのでは、という議論がようやく出てきました。裏返せばこれまではそれを無視して、研究費が取れる研究者にばかり集中し、無駄遣いされる仕組みであった可能性がある。研究費を多額に出しても、それが有効に使われていない。そうした問題を大幅に見直していかないと、日本の高等教育システム全体がよくなっていかないのではないか。

いずれにしても、文部科学省はこれからは単に資金を出すのでなく、はっきりした一定の政策的な意図を持って、資金を出さなければならないでしょう。研究費を増やすのであれば、どのような意図に基づいてどのような効果を期待してのことなのか。国立大学法人には6年間の目標設定と実施計画の策定、それについての実績評価が求められていますが、文部科学省自身はどうなのか。一定の政策的な意図を持って配分する予算については、それがどのような効果を目指すものであるのかをはっきりさせ、政策的な評価を5年なり6年後にするべきでしょう。それでないと、政策的な資金によるシステム全体の誘導はできないのではないかと思われます。

そして、政策的な意図を持って資金を配分するためには、当然のことながら高等教育システムの将来をどうするのかについて、グランド・デザインを持たざるを得ない。グランド・デザインの時代は、ファンディング・システムの再編の問題とも、深いかかわり合いを持っていると思うのです。

評価と「質の保証システム」

二つ目は「質の保証システム」、いいかえれば評価の問題です。先ほどふれたように、時代の流れは「事前規制から事後チェックへ」という方向にあります。自由主義経済学者は、政府は可能な限り規制を廃止すべきであり、市場の力によるのか、公的な評価システムによるのかはともかく、事後的なチェックを制度化すれば、システムはうまく機能していくと主張しています。その主張が高等教育の世界にも及んできて、設置基準は可能な限り緩和し、事後的に評価システムによってチェックする方式に変えるべきだということになってきました。

その評価システムについて、いつも引き合いに出されるのはアングロサクソン系の国です。アングロサクソン系の国には、大学評価の長い歴史があります。日本でも、50数年前に適格認定（アクレディテーション）の形での評価機関として、大学基準協会がつくられました。しかし、それは、ごく最近まで日の当たらない、成長することも発展することもない機関でした。大学評価について十分な経験の蓄積がないと言っていいわけです。そうした中で突然、評価の重要性がいわれはじめたのですが、現状では「評価」による質の保証は、「まじない言葉」に近いといってもよいでしょう。規制を緩和したあと、質の維持については評価システムに頼らざるを得ない、と言っているだけで、評価システムをどのようにつくり上げるか、誰がどのような評価を行うのか、具体的なイメージに乏しいからです。

日本は長い間、政府による大学の設置認可制度を取ってきました。この制度が重要性をもつのはなによりも私立大学についてです。しかしヨーロッパには、イギリスもそうですが、私立大学が事実上存在しない。大学は国が設置するものですから、日本のような設置認可制は存在しないわけです。

多数の私立大学を持つアメリカにも、日本的な設置認可制度は事実上ありません。設置認可制度がないから、適格認定の制度をつくりました。大学を設立するのは自由だが、大学が集まって評価団体をつくり互いに水準の維持・向上のためにチェックし合い、あるレベルに達していると認定された大学を仲間にしていくというのが、適格認定制度（アクレディテーション）と呼ばれる制度です。それは大学が自らの教育の水準を維持し、レベルアップを図るために、自発的につくりあげてきた評価の仕組みです。

ところが日本ではこれまで政府による設置認可制度が、水準維持に中心的な役割を果たしてきました。それが緩められることになり、代わりに、国が認証する評価機関の評価を受けることが義務づけられたのですが、この認証評価制度は、設置認可制度を肩代りするものなのか、それともアメリカのような各大学の教育水準の維持・向上を図るための機関（基準団体）なのか判然としない。アメリカ的な基準団体として発足した日本の大学基準協会も、これからは認証評価機関として大学を評価し、結果を公表することになります。大学評価・学位授与機構も同様に認証をうける方向にあります。

このシステムでは私学をふくめて全ての大学が認証評価の対象にされていまして、国立大学も認証評価を受けなければならない。国立大学は国が設置主体であり、法人格を認めている大学ですが、その国立大学も認証評価を受けた上でさらに、別に文科省のもとにつくられた国立大学だけを対象にした評価委員会（国立大学法人評価委員会）によって、教育研究や財務経営実績の評価をうけることになっています。これについては国立大学や大学評価機構の間でも、認証評価を受けなくてもいいことにすべきだとか、すべきではないとか、制度が発足する前からいろいろな議論があります。

評価機関が複数必要だという議論も、いま、支配的です。イギリスやヨーロッパはひとつだけですが、アメリカには複数あるではないかというのがその理由ですが、それは誤解ではないかと思います。アメリカでは、教育を中心に大学の機関評価を行っている評価団体は、地域ブロックごとに一つずつあるだけです。あちらの方の評価が簡単で安いから、評価を受けようというような話ではありません。

ところが日本は、全国レベルでいくつあってもいいということで、大学評価・学位授与機構も大学基準協会も、私立大学協会がこれからつくる評価機関もある。互いに競争し合って評価の水準を高めていくという制度設計になっています。それだけでなく、専門分野別の評価についても、専門職大学院についてはどうしても評価が必要だということで、法科大学院については大学院自体が設置認可される以前から、評価機関を立ち上げる話が進んでいます。これも複数あることが必要だと言うので、弁護士関係の団体や大学評価・学位授与機構、大学基準協会も手を挙げています。

約70校の法科大学院が開設されましたが、三つも評価団体があって、その少数の法科大学院を奪い合って評価する仕組みが、どうして必要なのかよくわからない。三つもある必要は全然ないので、アメリカでも専門職大学院（プロフェッショナル・スクール）の評価団体は、各領域ごとに基本的に一つのようです。多元的な評価が必要だから複数なければいけないということになっていますが、権威のある評価機関がひとつあればいいのではないか。

つまり、何のために評価をするのか自体があいまいなままに、評価制度が発足しようとしているように思えるのです。設置認可行政の肩代りなのか、教育研究の活性化のためなのか、あるいは文部科学省も言っているように資金配分のためなのか、それとも社会が期待しているように大学を格付けるためなのか。

専門分野別評価にしても、法科大学院については評価機関をつくらなければならないとされていますが、専門職教育といえば医学や歯学、薬学もある。こうした分野の教育の質についてもいろいろ問題がある。たとえば国家試験の合格率に、大学間で大きな格差があることはよく知られています。ところが、評価システムの話は一度も出たことがない。これからできる法科大学院だけ、なぜ評価の仕組みを必ず置きなさいと言っているのか、これもわかりにくいところです。

評価機関は質の保証を重要な目標の一つにしていますが、一体それは誰のための質の保証なのかも考えなければならない問題です。学習者に対する質の保証であれば、それは教育の条件や内容、支払った授業料に比して得られる教育サービス等を、学校選択の条件として消費者である学生や親にわかるようにするということが、重要な狙いになるでしょう。

また企業にとっては、人材をリクルートする場合に、マンパワーとしての学生がどのような基礎的な能力や潜在的、専門的能力を持っているのかをはっきりさせるために評価が必要なのでしょう。社会にとっては、それぞれの高等教育機関が提供しているサービスの水準をはっきりさせ、消費者保護に役立てる。国家にとっては国家目標や公共性、説明責任を果たすための評価が必要だということになります。しかし、大学にとって何よりも必要かつ重要なのは、教育研究のレベルアップを図るための評価です。こうした問題をはっきりさせないで議論しても、評価のシステムはうまく機能していかない。本気に考えてみなければならない問題ではないかと思います。

法人化と設置形態

三番目は国立大学の法人化と設置形態の問題です。先ほどふれたように国立大学の法人化は、国立大学だけに限らずさまざまなインパクトを及ぼす可能性を持っています。法人化については、これまで国立大学法人法が成立し、正式に発足が決まるのかどうかに議論が集中していました。

国立大学協会は、国立大学法人化を認めるのか、認めないのか、あいまいな態度をとってきましたので、法人化にどう対応するのか準備をすることがある意味タブーで、一生懸命やっている大学もあれば、ほとんどやっていない大学もあったわけです。それがついに04年4月に一斉に、すべての国立大学が法人化されることになりました。

では法人化されたら、すべてが一度に変わるのかといえば、それはあり得ないことでしょう。制度や法規をどんなに変えても、それで組織そのものが次の日から一変するわけではないからです。特に大学のような自治を認められた組織の運営は、さまざまな慣行から成り立っています。そうした学内の慣行のつみあげを、一片の法律で全部変えるなどということは不可能なことです。

それは企業組織も同じだと思います。組織は人で成り立っているわけで、ある日突然、全員を自由に入れ替えるなどというのは、空想にすぎません。大学の場合には企業以上に空想的なことですから、今いる教職員を抱えて法人に移行することになります。

しかも大学は、企業とは違った独自性を持った組織です。何よりも大学は自治を認められた専門職業人の集団です。そのために学問の自由や大学の自治、あるいは教授会自治が言われてきました。自治とは自分たちが大学の運営をするということであり、自分たちとは大学の構成員全体、つまり一種の共同体です。今回の改革はその共同体の、経営体としての側面を強化しようという改革です。真ん中に役員会を置き、左に経営協議会、右に教育研究評議会を置くことが法律で決められています。

経営協議会の構成メンバーの半数は大学側の委員が出ることになっていますが、残りの半数の委員は外部から任命されます。国立大学にはこれまでも運営諮問会議という、経営協議会の前身のような会議がありましたが、年に2〜3回程度開かれるだけで、大学側の話を伺って若干の意見を述べる程度のことでした。しかし運営協議会になれば最低でも年間4～5回、いやそれでは済まないかもしれません。大学の経営方針に異議が出たりすれば、さらに回数は増えるでしょう。その重要な役割をはたすことになるだろう協議会に、常時出席できる人がどれぐらいいるのか。企業の社長だとか、県知事といった有識者と呼ばれる人たちが選ばれていますが、偉くて忙しい人たちが大学の運営協議会にどれだけ出られるのか。

さらにいえば最近、日本の企業では社外重役の重要性が言われていますが、これまで取締役のほとんど全員が内部昇進で、社外から来る人たちは事実上いませんでした。日本の組織は、企業を含めてそうした内部昇進・登用のもとに成り立ってきたのです。ところが国立大学法人については、それでは駄目だということになった。企業もやれずにきたことを大学に期待しているのかもしれません。社外重役がいても、せいぜい1人か2人という企業がほとんどという現実の中で、国立大学の経営協議会をどう動かしていくのか。立派な法規をつくっても組織の慣行や、内部構造はすぐには変えられないということを考えておかなくてはなりません。

教授会との関係もあります。国立大学法人法は教授会の存在についてはまったく触れていませんが、これまで自治の根幹であった教授会との関係をどうするのか。部局長会議や全学委員会制度を含めたボトムアップ型学内組織をどうするのか。これからは一括配分されることになる資金を、それぞれの部局間にどう配分するのか。その資金で雇う教職員の数や給与水準をどう決めるのか、さまざまな問題があります。企業会計原則の導入も言われていますが、これまでは配分された予算を年度末までに

1円1銭の狂いなく使うことだけにエネルギーを注いできたのに、これからはそれをいかに効率的に使うか考えていかなければならない、これもまた大きな変化です。

いずれにしても、国立大学はこれから、内部組織や慣行の大幅な見直しをしなければなりませんが、ほとんど手つかずの状態にあるというのが現状です。先行している大学もたしかにありますが、特に中小規模の大学は、ほとんど手つかずの状態といってよい。発足したあと、さまざまなフリクションを生じながら、内部組織を変えていかなければならないでしょう。

このように、おそらくはもっとも重要な内部組織の問題について、すでに移行期の問題を考えざるを得ない段階に来ているのに、少数の大学は別として多くの大学が、その移行期をどう設計し、何年後にどこに着地させるのかについて、明確なアジェンダをもちあわせていないのが現状のようです。少なくとも西暦2010年代に入るまでの間に、さまざまな内部組織の再編、新しい慣行の確立がされなければならないことだけが、はっきりしています。

それがどのようなかたちで実現されるのかはわかりませんが、成功するにしても、失敗するにしても、公・私立大学に及ぼすインパクトは大きなものになるでしょう。なぜなら繰り返しふれてきたように、私立大学の内部組織も慣行も、自覚するしないにかかわらず、国立大学を一つのモデルに運営されてきたと思われるからです。

私立大学をめぐっては、最近、株式会社立の大学を認めろという議論もあります。その株式会社大学論については、アメリカを引き合いに出して議論がされています。アメリカには確かに「フォー・

プロフィット・ユニバーシティー」が存在します。もちろん大学はアメリカでも、基本的に「ノン・プロフィット」です。つまり非営利の法人です。ところが10年ほど前から「フォー・プロフィット・ユニバーシティー」が出てきました。実際に高等教育人口の約5％が、「フォー・プロフィット」の大学に在籍しているとされています。こうした大学のなかには一種のチェーン・システムをとるものもあり、親企業があって、あちこちのフォー・プロフィットの教育機関を買い取り、株式会社組織で事業展開をしているようです。

ただ、どれだけ成功しているかについては、問題があるようです。成功しているところもあればそうでないところもある。なにが成功の条件かというと、定型化された実用的な知識を教える、例えばビジネス関係のさまざまなプログラム中心のところは成功しているとされています。

いま日本で起こっている株式会社大学の議論が、何を狙っているのかは、はっきりしません。構造改革特区に株式会社大学・大学院の設置を認めることになりましたが、具体的なニーズがはっきりしないままに、まず議論がある。たとえば日本でビジネス系の標準化された知識を身につけたいと考える人たちがどの程度いるのか。それは株式会社でなくても、学校法人がやってもいい。なぜ株式会社でなければならないのか。誰がそれに投資するのかというような問題が、見えにくいのが現状です。アメリカでやっているから、日本でも自由化の一環として認めるべきだ、文部科学省が大学の設置認可を規制しているのはけしからんという議論の方が先行しています。

私立大学の中には、基本金積立ての形で大きな収益を出している、事実上、株式会社に近い大学もあるではないかという指摘もあります。各種学校や塾の中にも、株式会社形式のものがすでにある。専修学校は学校法人ですが、各種学校や塾であれば株式会社でもいい。それがなぜ大学・大学院にこだわるのかといえば、学位授与権の問題があるからです。

どこの国でも、学位は大学しか発行できないものとされています。学士号も、修士号や博士号ももちろんそうです。専門的な職業能力を身につけさせるだけなら、別に修士や学士の学位を授与しなくてもいいではないかという議論もあり得るでしょう。現に専修学校のなかには、大学・大学院以上に高度の職業教育をしているところもあります。学位にこだわるから、大学でなければいけないという話になるわけです。

大学が独占してきたその学位授与権をどうするかについては、いろいろな国で揺らぎが起こっています。しかし、この問題は学位とは、ひいては大学とは一体何かという根源的な問題と深くかかわっています。少なくとも、株式会社か学校法人かというだけでなく、そうした大学・学位の議論と関係づけて検討されることが必要な問題だと思うのです。

大学像の再構築へ

このように、伝統的な秩序が大きく崩壊したいま、新しい秩序を構築していく上での基本的な枠組となるグランド・デザインの提示が、強く求められています。そのグランド・デザインの形は、まだみえていませんが、一連の規制改革の結果として、文部科学省による「統制と庇護」の時代が終りをつげようとしている状況のなかで、新しい秩序の構築にそれぞれの大学、さらには大学の構成員、とりわけ教員の主体的で自律的な選択と決定が、大きな役割を果たすようになることは疑いありません。構成員が危機感を共有しなければ組織は変わらないでしょう。構成員の危機感の共有に成功した大学から、変化は急速に進んでいくのではないか。

危機感と改革の問題は、世代の問題とも深い関係があるように思います。若い世代の教員にとってみれば、教育が研究とともに主要な職業上の役割だというのは当然のことでしょう。しかし古い世代の先生たちは、教えることに大学全体がまだ不熱心だった時代に育ってきました。それにくらべて今の若い世代はずっと教育に熱心です。おそらく自分たちがいかに貧弱な教育を受けてきたか、実感と反省があるからだろうと思われます。大学が今のままであってはだめだという思いも、若い世代には強いと思います。

もう一つつけ加えれば、重要なのは現状認識の違いです。12世紀以来の長い歴史を持つ大学ですが、19世紀の初めに近代大学が誕生してから200年近くたち、かつての共同体型の大学はそのままでは維持できなくなっています。しかし大学の教員の大部分は、もっとも伝統的なタイプの大学を卒業してくる。古いタイプの大学が大学教員養成の中心になっているわけです。そうした大学で身につけてきた文化を、自分がいま所属している大学でも可能な限り維持しよう、一般化しようと考える傾向が強い。システム全体の中でもっとも保守的な部分で育った人たちが、大学の教員になっている。制度というのはそういうものなのでしょうが、その人たちの認識が変わらなければ大学は変わらない。ただそうした伝統的な大学、例えば東京大学のような大学も、いまは改革に積極的な大学の一つになっています。旧帝大系の他の大学も同様で、それ以外の地方にある国立大学より以上に改革に積極的に取り組んでいます。そこが変わることによって、次の世代の若い研究者や教師は、さらに改革への強い志向を持つようになるのではないか。

伝統的なタイプの旧帝大系の大学が改革に熱心にならざるを得ないのは、これらの大学が国際的な競争に否応なく巻き込まれているからです。「研究大学」と呼ばれるような大学で、外国の大学に行った経験のない教員はほとんどいないでしょう。しかも行く先はほとんどの場合、一流大学です。ハーバードやオックスフォードの現実を見て帰ってくる。そして日本の大学を何とか変えなければ、このままいったら研究者としても大学としても、国際競争に勝ち抜けないという強い危機感を持つようになるわけです。

私立大学も、新設大学・学部の場合はとくにそうですが、学生に十分な教育をし、その点で魅力ある大学づくりをしなければ、学生が来ないという危機意識が強い。学生をどれだけ集められるかに存亡がかかっているという点で非常に競争的です。その中間に学生募集という点で、まだゆったり構えていられる大学がある。その部分が変わらないとシステム全体は変わらない。そしてその層についても、このままいけば危機にさらされる大学が広がっていく。10年、15年という長いスパンで見れば、大学は否応なく変わらざるを得なくなっていくでしょう。

考えてみると明治以来、日本の教育システム全体、特に高等教育システムは絶え間ない成長の過程をたどってきました。進学率が上がる、入学してくる学生の数が増える、若年人口もどんどん増えるということで右肩上がりの成長を、一世紀あまりにわたって続けてきたのですが、それが完全に終わったことが明らかになりました。

あとで詳しくふれるように、進学率は短大・大学で50％ラインに近づいたあと、この数年は若干低下し始めています。これだけ進学が容易になっても50％のラインを超えることができない。とくに短大の進学率は急速に下がっています。専修学校の進学率は横ばい状態にありますが、これを加えるとすでに18歳人口の約7割が、何らかのかたちで継続的な教育を受けていることになります。それでも総体の進学者数は減少しつつある。右肩上がりの成長の時代が終わったのは経済だけでなく、教育についても全く同じです。学校教育は飽和状態になってきていると言っていい。

少子高齢化が急速に進んでいく中で、経済は低成長を続けています。減少していく人口で、あるいは高齢化していく人口で、現在の経済のレベルを維持し、さらなる成長を図るのであれば、どう考えてみても人間の質を高めるという選択肢しかない。国際的な競争力を高め、国家としての経済的な安全保障を維持していくには、何よりも教育に依存せざるを得ない。経済界がこの10年ほどの間、執拗にさまざまな教育改革案を提出しているのは、そうした危機感のあらわれと言っていいでしょう。

ただそこで出てこないのは、それでは教育にどれだけの資金を投入するのかという話です。経済界から出される構想にも、教育にもっと金を掛けろ、何兆円の金をつぎ込めという構想は一つもありません。人間の質を高めるために、ああすべきだこうすべきだとは言いますが、経済的・財政的な基盤については何もいわない。

第二に、産業界は情報化とグローバル化の大波に洗われ、ここでも人材の質が問われています。日本の企業は積極的な教育訓練投資をすることで、国際的に知られてきましたが、いまは全く逆になっています。企業が自力で教育訓練をしている余裕がない。中途採用を強化しようというのは、教育訓練をする余裕がなくなっていることのあらわれかもしれません。最近の研究によるとアメリカの企業は、日本の企業よりもはるかに多額の教育訓練投資を従業員に対してしていることが知られています。いずれにしても産業界自体が直接・間接に教育に投資をしなければ、今までと同様の、あるいはそれ以上の質の人材を確保できなくなってきているのですから、単に個人の尻をたたいたり、学校や大学の悪口をいうだけでなく、自分たちが教育訓練の責任をどこまで、どのように持つのかを考えなければならないでしょう。

三つ目の問題は、先ほどふれたように教育が一種の飽和状態にあり、学校で教育を受ける子供たちの数はこれ以上増えない、しかもご承知のように登校拒否だとか中途退学、不登校といった現象もあらわれている、フリーターも増加している。つまり学校に行きたくないし、就職もしたくない若者が増えているわけで、このままいけば、教育の量的規模は縮小の一途をたどるしかないでしょう。

そうしたなかで、重要な救いは学習の生涯化です。生涯学習はこれからさらに発展を遂げていくでしょう。しかし日本にとって危機的なのは高等教育人口の70％、専修学校を入れれば90％近くが私立で占められているという点です。私立セクターが大きいということは、授業料収入で賄われている私学経営が、子供の数や若年人口の減少の強い影響を受けるということです。

日本と違ってアメリカは何といっても7割が公立で、その授業料は低い。しかも低所得層に安いコストで2年制の短期高等教育の機会を開いている。ところが日本はそういう構造になっていない。それはこれからの、とくに生涯学習時代の教育にとって大きなマイナス要因だと思われます。放っておけば教育の質、特に高等教育の質はとめどなく下がっていく危険性がある。授業料収入が十分に得られなければ、教育条件を切り下げるしかないからです。子供の数が減って授業料収入が少なくなれば、教員の数を減らすとか教育条件を切り下げることになりかねない。その意味で日本の教育は、「量の時代」が終わって「質の時代」がやってきたのだということに自覚的にならないと、とめどもなく質が下がっていってしまう危険性をはらんでいるとみるべきでしょう。

最後は職業の問題です。年功序列制が崩壊して人々の生涯にわたるキャリアの変動が大きくなりました。終身雇用・年功序列で一生の間、一つの企業にとどまることはほとんど夢のような話になりました。すでに、大学卒の転職率は最初の3年間で3割ぐらいになっていますし、卒業しても就職しない、できないフリーターが大量に存在しています。安定したキャリアが見えなくなってきたのです。

こうした時代になるほど、一つには基礎的な能力、どのような新しい状況にも対応していくことのできる基礎的な能力、他方ではスペシャライズされた職務を遂行するための高度の専門能力が要求されます。この二つをともに持っていないとキャリアを成功裏に歩んでいくことができない時代になってきました。

そのことと関連して、専門的な能力を高めるのに必要な教育機会を求める傾向が強くなり、それが専修学校や、専門職大学院への学習需要の高まりになっています。そうした学習機会を積極的に開いていかないと、ここでも人材の質の低下が起こる。自分のキャリアは企業に委ねていれば、勤めている間に次第にスキルが身に付き、知識や技術が高まり、収入も増えていくという時代ではなくなったのですから、それに対応して、職場の外に学力なり能力なりを高めるための、自分のキャリアの変動に対応して選択できる学習の場が設けられなければならない。

別の表現をすれば、個人の移動とキャリアの自己設計・自己選択、自己決定が求められる時代がやってきたわけです。組織や集団を離れた個人が、社会に大量に析出される時代になってきた、というべきかもしれません。自分の人生は自分で設計しなさいと企業も言っているし、政府も言っている。自己選択と自己決定がこれから大事だとしたら、そうした能力を育てるための教育を考えていかなくてはならない。「自主・自立」であるとか「生きる力」といった抽象的なキーワードの中には、そうしたニュアンスがこめられているのだろうと思います。

そうした中で大学の未来は、ある意味では非常に明るい。知識社会・情報化社会の中で大学はこれからますます中核的な産業、中核的な機関になっていくと思われます。基礎研究や応用研究も、大学に期待せざるをえない、人材の養成も大学に依存しなければならない、生涯学習の機会も大学に提供してほしいということですから、大学の未来はきわめて明るい。その明るさが今の大学にはなかなか見えないのが現状ですが、きびしい現実を見すえた上で未来をさぐりあてるための作業を、それぞれの大学が早急におし進める必要があるでしょう。グランド・デザインの提示は、そのためにも求められているのです。

2章　変わりゆく高等教育

総合規制改革の大きな流れのなかで、高等教育の世界にはいま、さまざまな変化が起きています。

21世紀に入って最初の10年は大学・高等教育が大揺れに揺れる時代になるだろうと思われます。「先が読めない」時代ですが、なにがどうなるのかという読みを、研究者のひとりとして若干でもしてみたい。抽象的な議論をしても仕方がないので、具体的にいまどんな変化が起こっているのかというあたりから、話を始めてみたいと思います。大学の未来をどう見るのか、いろいろな考え方があるでしょうが、過去から現在を経て未来へとつながっていくのですから、ある日突然、まったく別の未来が開けるわけではありません。すでに「未来は始まっている」というか、現在の中に大学の未来を予測させる問題がいくつも含まれている、と考えるべきだと思うからです。

学校基本調査の数字から

最初に、数字をあげながらどのような変化が進行しているのか、見ておきたいと思います。ある具体的なイメージが浮かんでくるのではないかと思います。

まず一番目の変化ですが、進学率が横ばいになりました。1980年代まで日本の大学・短大進学率は、36~37%でずっと横ばいでした。それが90年代に入って、上昇に転じました。99年には49・1%になり、10年前を10ポイント以上も上回るようになりました。ところが、その数字が49%前後で再び横ばいになってしまいました。2003年は49・0%です。この再び横ばいになったことの意味は大きいと思われます。18歳人口が減少するなかで、どの大学も学生募集に大変な努力をした結果として、受験競争が大幅に緩和されました。つまり大学に入りやすくなったわけです。にもかかわらず横ばいだということは、大学・短大の進学率が天井に差し掛かったことを意味しているのではないか。大学・短大の進学率、さらには専修学校も含めた高等教育全体としての進学率が、どうやら飽和状態に近づいているのかもしれません。

二つ目の問題は、短大の進学率がついに10%を切った、ということです。大学の進学率は着実に上昇していて、2003年春も、前年比で0・8ポイント上昇して41・3%になりました。ところが短大は逆に0・4ポイント減り、7・7%になっています。短大の進学率がピークだった94年には13・

2%でしたから、ついに半分近くになったわけです。大学と短大の進学者の比率は長い間、2対1ぐらいでしたが、現在は5対1まできています。

三つ目に男女別の進学率を取ってみますと、長い間男性優位であったのが1989年、いまから十数年前に初めて女性の進学率が男性を上回りました。その後ずっと上回り続けてきて、1994年にはついに女性の進学率が男性の進学率を5ポイントも上回る、という事態になったわけです。ところが、2003年の数字を見ると、男子が49・6%で女子が48・3%と再び男子の方が1ポイント以上女子を上回っています。なぜ、女子の進学率がこれほど変わってきたのか。女子の進学率だけを取って、女子が大学と短大にそれぞれ何%行っているのかを見ますと、1995年には大学に22・9%、短大に24・6%でした。つまり、まだ短大進学者の方が多かったわけです。しかし、2003年春の数字は大学に31・4%、短大が13・9%となりました。大学は5年間で11・5ポイント進学率が高まったのに対して、短大は10・7ポイント下がった。つまり短大に行かなくなった分が大学に行くようになった、という関係になっている。これも大きな変化といってよいと思います。いま短大が苦境に立たされているのは、女子の四大志向が強くなったことの結果なのです。

四番目は専修学校の問題です。専修学校の専門課程の進学率は、20%を超える数字になっています。ここには新規高卒以外の人たちの数字も入っていますから、新規高校卒業者だけの数字で見ますと、専修学校進学率は18・0%です。これも男女別で、前年に比べてどの程度変わったのか見ていくと、男子は1999年で15・2%だったのが、2003年に15・3%、女子は18・3%だったのが20・7

%になっています。ここでも増えているのは女子です。短期大学から四大にというだけでなく、短期大学から専修学校に移った人たちがいることが分かります。いってみれば短大は、大学と専修学校の挟み撃ちに合って進学者を奪われているというのが、ここから見えてくる状況です。

五番目ですが、進学率は全体として横ばいですが、大学・短大の進学者の実数は年々減ってきています。１９９３年、一番多かった時に80万９千人の進学者数がありました。ところが２００３年にはこれが72万人まで下がっています。大学・短大の内訳でいうと、大学は55万人から60万人に５万人ほど増えましたが、短大は25万人から11万人に減った。専修学校は、既卒を入れた数字でいえば36万人から34万人で、２万人程度の減にとどまっていることがわかります。大学は年々増えているのに対して短大は減少する一方で、専修学校はほぼ横ばい。短大が専修学校と大学に学生を奪われているというか、全体としてみれば四年制大学の一人勝ちに近い状態になっているということです。いずれにしても短期大学は、ピーク時にくらべて入学者が半分以下という深刻な状態にあるわけです。

六番目は府県間格差の問題です。高等教育機関の進学率は全体的に上がったあと、横ばいになりましたが、実は進学率には府県間でかなりの違いがあります。その「進学率の府県間格差」は一時かなり縮まってきたのですが、２００３年の春の数字はそれが再び開く方向にあることを示しています。たとえば進学率第１位の京都は２００３年春の数字ですと、61・４%という進学率になっていますが、２００２年は60・０%でした。京都のような進学率の高いところがさらに高くなっている。これに対して最低の青森県は２００３年が32・０%で、１年前が32・３%ですから低くなっている。また、全国の都道府県を並べてみると、29の県で進学率が前年よりも下がっている。これまでは、ずっと前年度より上がってきていたのが、2003年にはそうなりました。経済的な不況の影響がさまざまな形で出始めたことが、ここから見てとれます。

七番目は大学院です。大学院の進学者数は長い間、なかなか増えませんでした。しかも理工系中心で、文系には広がらないと言われ続けてきました。しかし、その大学院進学者の比率もだんだん上昇して、2003年の春には、学部卒業者を100として11・4となりました。男子だけを取ると14・2で、学部卒の1割強、男子の場合には8人に1人が大学院に進学しているという数字になります。しかも理工系だけでなく、最近は社会科学系の大学院進学者が着実に増え始め、大学院進学者の約13%が社会科学系になってきています。まだ圧倒的に理工系中心ですが、社会科学系の学生も増えている。同時に、社会人学生も増えてきて、大学院生全体の1割強を占めています。ただ、誰が社会人かという定義は難しいので、社会人入学枠で入ってきている人がその程度いるということです。勤め先を辞めて入ってくる人たちもかなりいるのではないかと思われます。いずれにしても仕事を持っている大人や家庭を持っている大人が大学院に入ってくる時代に、だんだんと日本もなってきたという感じがします。

八番目は、これはあまり関係ないことと思われるかもしれませんが、いわゆるフリーターが急増していて、過去最高の数字になりました。フリーターというのは、進学も就職もしない人たちです。就職しないというのは、フルタイムの仕事に就かないということです。これは大卒で12万人ほどで、男子が7万人、女子が5万人です。大学の場合、約60万人が卒業していきますが、その中で12万人が大学を出ても就職をしないという、これまでから見ればかなり異常な状態になっています。同様の傾向は高等学校にもあって、卒業後進学も就職もしない人たちが約1割程度います。この数字が変わらないどころか、年々増えてきています。日本の社会が大きく変わり始めていることを象徴するような数字だと思います。

最後の数字はご承知の通りですが、定員割れの大学や短大が急増しています。文部科学省はこれについては何も発表していませんが、日本私立学校振興・共済事業団が調査している「入学定員の充足率」を見ると、入学定員まで入学者を集められなかった短大の数が全体の46%、大学が28%となっています。大学の場合は学部単位で数えますから、28%の大学のどこかの学部が定員まで集められなかったということです。いずれにしても定員割れを起こしている大学・短大がそれだけある。また、定員の7割、つまり70%以下しか学生を集められなかった短大が22%、4年制大学の学部でも7%となっています。これは2002年春の数字ですが、かなり深刻な状態になっていることがわかります。同時にこれにも地域差がありまして、東京や南関東、京阪神では入学定員の充足率が高くなっていますが、北陸や中国・四国地方では相当の落ち込みになっていて、地方の大学が苦境に立っていることがうかがわれます。

構造的な変化

これまでいろいろな数字を見てきましたが、こうした数字からいったい何が読み取れるのか。繰り返しになりますが、いま、日本の高等教育に大きな、構造的な変化が起こっています。その一番大きな原因は18歳人口の減少です。一番多かった1992年には205万人の18歳人口がありました。しかし2003年には145万人にまで減少してきています。60万人も18歳人口が少なくなったわけです。その影響がさまざまな形で出ているのですが、それだけでなく、社会構造や経済構造にも大きな変化が起こっています。さらに大学に進学する世代の人たち、あるいは親の世代の意識にもさまざまな変化が起こっている。少子化は、そうした変化の一つの要因に過ぎません。たとえば、先ほどもふれたように、どうやら学校教育が飽和状態になってきている。これ以上教育を受けたくない、学校に行きたくないという層が着実に広がっている。フリーターの増加は、そうした現実のひとつの現れとみていいでしょう。

それだけではなく、高校卒業者の大学・短大への進学希望率もここ7～8年、55％前後の線で横ばいになっています。つまり大学・短大への進学を希望する人たちの比率が増えない。それは競争がきびしくて合格するのが難しいからではありません。かつて62～63％あった合格率がいまは84％になっている。合格率というのは進学を志望している人たちの何％が実際大学に入学しているかという数字です。つまり、進学の際にほとんど競争がない部分がすでに出てきている。にもかかわらず、大学・短大に行きたがらない。

高等学校の場合にも97％の進学率で、卒業率は9割を切ったところでこれも横ばいになっています。高校にせっかく入っても、中途退学する人たちがかなりの数いるということです。大学でも中途退学が、最近は大きな問題になっています。このように学校教育がある種、飽和状態になってきている。フリーター増加がそのひとつの表れではないかというのは、先にふれたとおりです。

それから生涯学習化も、着実に進んできている。大学院に再入学する社会人が増えていますし、また、専修学校生の中にも、いったん大学・短大を出てから入学する人が増える傾向が強くなり、2003年には7・7％をしめています。

構造的な変化はまだあります。最初にふれましたが、「親方日の丸」といわれてきた国立大学が、行財政改革、特に最近の総合規制改革のなかで、厳しい立場におかれています。それだけではなく、文科省が打ち出した改革構想だけでなく、「平沼プラン」と呼ばれる、経済産業省から経済の構造改革構想との関係で出された大学改革案もあります。それによれば、社会人のキャリアアップのために、大学に新たに100万人の社会人を送り込む、という構想も含まれています。大学院にも企業人を2万人受け入れるようにするという、具体的な数字を示した改革構想まで出ています。

情報化やグローバル化の問題も大学、高等教育全体に押し寄せています。特にITの進歩は大きな変化をもたらす潜在的な力を持っていると思われます。日本の大学は、他の国に比べてIT関係、情報化の波に乗り遅れていますが、5年、10年というスパンを考えると、この波の大きな影響が、大学や高等教育を襲ってくるのは間違いないでしょう。

さらにいえば国立大学がいま迫られている改革は、私立大学や専修学校にとっても無関係ではありません。むしろ進行し始めた大きな変化の象徴的な部分が、国立大学の改革という形で提示されている、と見るべきではないかと思います。

国立大学の独立行政法人化は、行政の枠の中の話ですが、それを超えて民営化すべきだ、という議論も出ています。5年、10年の間に国立大学はさらに大きく変わらざるを得ないでしょう。国立大学は国立ですから、改革の圧力は政府からやってきます。そのために、国立大学は否応なく変わらざるを得ないというので、どの大学も危機感を持っています。「21世紀COE」の中に、「自分の大学は入れるのか」とか、「自分の大学は単独でやっていけるのか」ということも、国立大学の関係者の間で大きな話題になっています。

私学の場合には、別に政府から直接プレッシャーをかけられているわけではないので、変わるか変わらないかは自由といえば自由です。しかし、その自由の怖さは自力で変わらなければならない、という点にあります。これまでは私立大学の方が国立大学よりも自由で、したがって早く変化すると見られてきました。実際に変化は私学の方が早かったのです。しかしいまの状況からすると、国立大学は政府に迫られて、数年の間に否応なく改革を進めざるを得なくなっている。その結果、私学よりも改革が進むということが起こるかもしれません。ですから私立大学にとっても、国立大学の話は決して無縁ではない。自力で変わっていけるかどうかを、今度は私学が問われる時代になるのではないかと思われます。

日本の高等教育の大きな特徴は、多数の私学の存在にあります。高等教育システムに占める私学の比率が非常に高い。ヨーロッパの国には事実上、私立大学は存在しません。ドイツも、フランスやイギリスもそうです。日本の専修学校にあたるような私立教育機関もありません。教育や訓練は、何よりも国の責任で行われているからですが、日本はそうではない。アメリカも、高等教育全体からすれば、在学者数でいって4分の1程度しか私学のシェアはありません。

専修学校に相当するプロプライエタリー・スクールと呼ばれる学校は、日本と同じくかなりの数ありますが、ここでも教育訓練の主力は公立です。コミュニティ・カレッジと呼ばれる公立短大が大きな役割を果たしています。しかもアメリカの私学は、大学でいえば全体の中で質の高い部分を占めていて、資金のストックもフローも大きい。授業料収入だけで運営されている大学は、多くはありません。その点で、日本は先進国の中で例外な国です。日本と同じように私学の多い国は、お隣りの韓国や台湾、それにフィリピンやインドネシアなどです。つまり、アジアの開発途上国に私学が多い。中国もいま「民弁大学」とよばれていますが、私立大学を作る動きが始まっていますし、専修学校に相当する学校を作る動きも広がっているようです。やがて日本と構造が似てくるのかもしれません。

いずれにしてもアジア、特に東アジアに、私学が圧倒的に高い比率を占める高等教育システムが存在している。このことは、これらの国では高等教育の世界が、すでに大きく市場経済化していることを意味しています。つまりマーケット状態がすでに存在している。より多くの学生を獲得しなければ大学はやっていけない。大学と短大、短大と専修学校が学生の奪い合いをしている日本の状況は、先ほどみた通りです。

文科省の規制が急速に緩和されてきていることも、ご承知の通りです。規制が緩和されるということは、大学に自由に競争しサバイバルゲームをするべきだ、というに等しいわけです。しかし、自由に競争しろと言われても、日本の私学は学生が支払う授業料を収入源とする以外に、生き残る道は限られていますから、学生獲得競争に努力せざるを得ない。ところが18歳人口はどんどん減っている、進学希望者の数も頭打ちになっている。その影響をこれからまともに受けることになるわけで、これから相当厳しい状態がやってくると思われます。

高等学校の卒業者がほぼ90%弱で横ばいになっていると言いましたが、高校に進学しても全員が卒業するわけではなく、途中でやめる人たちもかなりの数にのぼります。高校を卒業した人たちはどういう進路を取るのか。先ほどふれたように、大学・短大に進学を希望するものが55%ぐらいで、いまはその大部分、50%ぐらいが大学・短大に入学しています。専修学校に行くものが新卒で17%、就職をする人たちが、いまや2割を切って18%です。残りの10%がフリーターその他、ということになります。いわゆる定職に就かない人たちです。

そういう構成から考えると、大学・短大への、進学希望率がこれ以上あがることは、望めないのではないか。55%まで来て、そこで横ばいになっているわけで、これが65%とか70%になる可能性はほとんどない。数値を高めるためには、それ以外の進路を選ぶ人たちを、新たに進学希望者に変えていかなければならない。その場合に最も強い圧力を受けるのは専修学校でしょう。専修学校と大学との競合になってくる。高校卒業者の就職率は20％を切ってしまった。フリーターはもともと進学も就職もしたくない人の集まりです。小さくなってしまった進学希望者というパイをどう奪い合うのかという状況に、だんだん近づいてきているわけです。

専修学校、短大、それから大学という三者の関係には長い間、一定の棲み分けの構造ができていましたが、この数年の間にそれが大きく崩れてしまった。短期大学は四年制大学に学生を奪われ、専修学校にも奪われ、だんだんシェアが小さくなってきています。これからは大学と専修学校がまともに競合するようになってきた、というのが現状ではないかと思います。

高等教育システムが変わる

これまで数字を中心にみてきましたが、それでは高等教育の世界で何が今起こっているのか。大学、短大を中心にいくつかの点にしぼってみていきたいと思います。

まず第一に、高等教育システムはどう変わっていくのか。二つ目に、その中核になっている大学はいったいどちらの方向に行くのか。三つ目は大学を支えている教職員はどうか。最後に第四として学生はどうか、というのが、そのポイントです。

最初に高等教育システムの変化です。高等教育システムは大学と短大、高専、それから専修学校、これが主要な構成部分です。それに最近では大学院が加わって、大きく五つの構成部分から成り立っていることになります。

そのシステムの内部で、これからいろいろな変化が起こると考えられますが、まず大学についていうと、その量的規模はほぼ現状維持、あるいは若干増えていくかもしれません。それには短大との関係が一つあります。短大はすでに進学率で10%を切っていますが、このままいけばさらに縮小することは避けられないと思います。だんだん昇格・再編の形で、四大の方へ組み入れられていくのではないか。短大関係者はこの点を深刻に受け止めています。「短大はもともと大学の一部で『二分の一大学』なのだから、短大という名称そのものを廃止して「大学（二年制）」でもいいのではないか、大学の一部としてきちんと位置づけてほしい」という意見も出ています。短大が短大として存続していく社会的基盤が狭まっていることが、こうした要求を生んでいるのかもしれません。このまま行けば一部を除いて、短大はだんだん「前期大学化」していかざるをえないでしょう。

つまり4年間の教育課程の最初の2年をやる。2年が終わったところで卒業する人もいますが、四年制大学に編入される人たちが増える状況になっていくかもしれません。いまはまだ大学への編入学者の数は短大卒業者の1割程度ですが、四年制大学は学生数の確保のためにも短大からの編入にますます熱心になり、2割、3割と比率が増えていくのではないか。実際に、すでに卒業者の大部分が四大に編入されている短大も出てきています。しばらくすると短大は特別の個性をもったものや職業・

資格志向の強いものを除いて、姿を消していくこともありうるでしょう。

高専は、ご承知のように特殊な性格を持った、国立が大部分を占める高等教育機関です。入学定員は1万人強しかありません。この20年、30年の間ほとんど規模も内容も変わっていないし、これからも拡大することはないでしょう。ただ高専も、いろいろな問題を抱えています。たとえば卒業者の3割以上が大学に編入学しています。だんだん完成教育機関でなくなってきている。大学工学部に入るための準備機関なのかという、独自性・独立性に疑問をなげかけるような問題を抱えています。

これに対して専修学校は、どのようにでも変わることのできる、高等教育システムの中で最も可変性を持った教育機関だと思います。専修学校の未来は、これからどのような学生層を対象にしていくかということと、深い関係があります。各種学校以来の歴史をみれば、専修学校は時代の風をうまく読み、その風に乗ることによって発展してきた学校です。義務教育で終わる人たちが多数を占めていた時代には、中等学校に進学しない人たちの教育機会の提供が中心でした。やがて大多数が高校を卒業するようになると、高校卒業者を対象とするようになりました。大半の人が大学を卒業するようになれば、今度は大学卒業者を相手にする教育機関になっていくでしょう。すでにその傾向はあらわれていますが、大学に進学しない人たちを対象にするだけでも、まだ大きなマーケットが残されています。専修学校が一番可変的な部分だというのは、そうした理由からです。

大学院も、これから拡大の可能性をもった部分だと思います。どの部分が膨らむかといえば、それは職業と関連した部分ということになるでしょう。大学卒業者の圧倒的に多くは人文・社会系の学部、特に社会科学系の学部を出ていますが、この人たちを対象に職業教育を行う大学院がつくられ、ニーズをうまく汲み上げることができれば、大学院はさらに発展を遂げると思います。ただ、企業の側が大学院の卒業者を、どこまで積極的に採用するかが大きな問題として残っています。ロースクールが開設されることになり、年間3千人規模の法律家を大学院で養成する専門職大学院のシステムに移行することになりました。入学者数で、5千人、6千人規模の大学院が発足することになります。これは大きな規模です。ビジネススクールも少しずつできはじめていますが、採算が取れるようなベースにするためには、いまのように入学定員を50人とか100人ではなく、規模をさらに膨らませていく必要があるでしょう。いずれにしても大学院は、高等教育システム全体が飽和状態にある中で、もっとも発展の可能性の大きい部分だと思います。

このように、五つのタイプの高等教育機関それぞれに、成長する部分と衰退する部分の差がはっきりしてくるものと思われます。

日本の高等教育システムについてもうひとつの問題は、それが圧倒的に私学中心であることにかかわっています。小規模の地方の私学は、これから危機的な状況に立たされるのではないかと思われます。その典型例は地方の短期大学ですが、四年制大学も同様の問題を抱えています。短期大学の大部分は小規模・単科です。私立大学の中にも学生数が1千人に満たない小規模の単科大学がたくさんあります。全体で約450校の私立大学がありますが、そのうち80校ぐらいがこうしたタイプの大学です。2割弱が小規模の単科大学で占められているわけです。こうした大学・短大の問題は、変化への対応能力が弱いところにあります。規模が小さく単科ということで、社会や経済のニーズに変化が起こっても、新しい学部・学科を開設して教員を入れ替えたり、規模を拡大することがなかなかできません。

文部科学省は、70年代の後半から高等教育の地方分散政策を取ってきましたが、その結果どこの県でも私学の数が増えました。いま私立大学がまったくない県は一つか二つしかありません。その地方分散政策もいまは手詰まり状態になってきて、地方に誘致された私立大学のなかには、定員割れの大学が着実に増えてきています。せっかく誘致した私立大学や短大に学生が集まらない。地元の自治体がテコ入れをしているところも少なくありません。地方では大学は、いわば最大の地場産業になっています。先生がいて、学生がいて、お金が落ちる。大学・短大がなくなったら、地元の経済に大きな影響が及ぶことになりますから、税金をつぎ込んでも維持しようとする。今の地方財政の厳しさからすると、やがてはそれも行き詰まり、危機が表面化してくる可能性があります。私立大学・短大がどうしたら地方でやっていけるのかが、あらためて問題になるだろうと思います。

私学セクターにかかわる変化として、大学間の連携や合併、系列化がこれから着実に進行していくと思われます。いま、連携というと大学間の単位互換が中心になっていますが、やがては教育の一部を共同化するという方向に行かざるを得なくなるのではないか。たとえば教員免許取得をめざす学生のために多くの大学・短大が教職課程を置いています。この教職課程はそのために特別の授業料を取っているわけではありません。大学にとってみれば、学生に対するサービス部分になっています。学生に教員資格を取らせるためには、非常勤も含めて一定コマ数の授業を開設しなければなりませんが、とても採算ベースには乗らない。教職の資格をとってもなかなか教員になれない現状で、教職教育をどうするのか、という問題が出てきています。

また、教養教育と呼ばれる共通教育でも、語学や理数の先生など、教養教育に必要なスタッフを自前でそろえるとなると、それだけで大きな人件費負担になるので、この部分をカットする大学が増えています。その共通教育や教養教育をどうするのかも大きな問題です。それから充実した大学院を、自力で維持していくのにも、コストがかかりすぎる。小規模大学が自力で充実した大学院をもつのはむずかしいでしょうから、いくつかの大学が連携して、共通のカリキュラムを作ったり、人員のやりくりをして、合同で何かをする傾向がこれから強まっていくのではないか、と思われます。

京都には有名な大学間のコンソーシアムがあります。京都市が建物や資金の一部を提供しているようですが、大学が共同して共通教育にあたる部分のカリキュラムを組んでいます。単位の互換制度がベースになっていますが、互いに授業科目を出し合って共通教育にバラエティをつけていこうとしている。同じようなことが、これからいろいろな地域で行われるようになるかもしれない。いずれにしても、コスト・エフィシエンシーといいますか、投入したお金と得られる効果の関係を、それぞれの大学が真剣に考えざるを得なくなっていくということです。

それから、これから大学の世界でも合併や吸収が進んでいくのではないか。小規模の単科大学が総合大学に吸収・合併されたり、小規模の単科大学同士が合併したり、学校法人の統合をはかるのが、これから一つの流れになっていくのではないか。先ほどふれたように、国立大学はすでに統合・合併の動きを始めました。山梨大学と山梨医科大学、筑波大学と図書館情報大学などが、その例ですが、宮崎や佐賀などでも医科大学との統合が進められています。また、神戸では神戸商船大学が神戸大学と一緒になる。東京では水産大学と商船大学が一緒になる。文科省はその政策をさらに推し進めようとしています。これも一種のコスト・エフィシエンシーの問題かと思います。

もう一つ、系列化も進んでいくだろうと思われます。大きな学校法人が小さな学校法人を支配する。系列化の方法はそのほかにもいろいろとあり得ると思いますが、たとえば四年制大学が編入制を使って、短期大学を系列化していく。また、大学院が他の大学の学部を系列化することも起こってくるかもしれません。すでに東京大学や東京工業大学のような、大規模な理工系の大学院を持っている大学は、他大学の学部卒業生を大量に吸収しています。法科大学院についても、同様のことが起こっているようです。大学院同士が学生を奪い合ったり、他大学の学部を事実上、学生の供給源にするという変化が起こってきています。どの大学にとっても学生の獲得は大きな問題ですから、連携や合併、系列化という形で経営の合理化を図る、学生の獲得を考える、という動きが私立の世界でも国立の世界でも強まっていくのではないか、と思われます。

二番目の大きな問題は大学についてです。日本の高等教育システムは、なんといっても四年制大学を中心に発展してきました。加えて、短大がいまや独立性を失いつつあることは先ほどふれたとおりです。また、これまで長い間、大学は学問をする者の共同体、「知の共同体」でした。大学教授とは教育と研究に専念する人たちで、そこに勉強したい学生が集まってともに勉強、学問をする。しかし、そうした古典近代的な大学は、いまやほとんどユートピアに近い状態になりつつあることはご承知の通りです。その問題は別にして、少なくとも大学が学問する者の共同体であり、それゆえに学問の自由や大学の自治が認められてきたことは事実です。

しかし、いまその大学に起こっているのは一種の企業体化、あるいは「知の経営体」化とでもいうべき変化です。それは別に、大学が企業と同じようになるということではありません。大学も企業と同じように、経営の問題を考えざるを得なくなってきているということです。もちろん大学は営利目的の団体ではありません。企業のようにコスト・ベネフィットで動いているわけではない。収益を上げるためにコストを考えているということではありません。しかし少なくともコストに見合った何かを生み出しているのかという、「コスト・パフォーマンス」とか「コスト・エフィシエンシー」を考えざるを得なくなってきていることはたしかです。国立大学を法人化しようというのも、まさに経営の問題です。これまでのように「親方日の丸」「護送船団方式」で、国から来る予算を年度末までに全部使い切ることが大学運営の中心であった時代は終ったと、いま言われているわけです。実際に大学自身が多機能的な、さまざまな機能を持つ組織になってきました。経営の問題を考えずにやっていける状況ではなくなっているのです。

大学には付属学校もあれば付属病院もあります。東京大学のようなところは、さまざまな付置研究所も持っています。大学院も、これまでは学部と直結した大学院でしたが、近年は独立大学院と呼ばれる、学部に足を持たない大学院が増えてきています。「マルチバーシティ」といわれますが、実際に多様な機能を大学が持つようになってきているわけです。

同時に大学は、たんに学問をする者の共同体というより、さまざまなサービスを提供する場に変わってきています。たとえば学生には教育というサービスを提供する。企業には共同研究や受託研究の形で、研究というサービスを提供する。生涯学習者には大学開放講座、公開講座の形で学習サービスを提供する。付属病院にやってくる人たちには医療サービスを提供する、というように、大学は多様なサービスを提供する場として、社会的に位置づけられるようになってきています。いいかえれば、どのような「顧客」にどのようなサービスを提供しているのかを、大学自身が考えざるを得なくなってきている。同時に自分たちにとって顧客とはいったい誰なのかも、考えざるを得なくなっている。それが大学の企業体化、「知の経営体」化ということの意味です。

また、これまでの大学の教育・研究の組織も、大幅な再編の途上にあります。2004年の春からは、学部の設置や再編もどんな学科を置くかも大幅に自由化されました。そうなれば、大学をこれまで支えてきた学部・学科という基本的な教育研究の組織が流動化していくでしょう。すでにいろいろな、新しい名称の学部ができていますが、学部・学科の編成がさらに自由になる。大学の教員の抵抗もあって、既存の学部の改廃はなかなかできませんが、学部・学科の枠とかかわりなく学生にとってフレキシブルな学習のシステムを作っていこうという動きは、どんどん進んでいます。学生が学部や学科の枠を超えて、単位を自由に取れるようにする。教員の抵抗が強くて学部・学科の枠を変更できなくても、学生の学習の方を自由化すれば自主的に変わっていくだろうという考え方です。いくつかの私立大学ですでにそういう試みが始まっています。

これまで、教員の組織と学生の組織は一対一で対応していました。つまり学生は経済学部に入学し、教員は経済学部に所属しているということで、教員と学生は一つの組織に属してきたわけです。その教員と学生が所属している組織を分けてしまおうという動きもあります。新構想大学の筑波大学がその先例ですが、九州大学のような歴史の古い、旧制帝国大学系の大学でも、教員は研究院という組織を作ってそこに所属してもらう。学生はこれまで通り学部に所属していますから、先生と学生の所属が分かれる。早稲田大学でも理工学部に学術院という組織を作って、そこに先生を所属させ、学生の所属と切り離してしまおうという考え方が出てきているようです。大学の組織が学問中心と教育中心の二つに分かれてきた。教員中心の組織から学生中心の組織に変わってきた。これは大きな変化です。

新しい名称の学部もよく考えてみますと、たとえば環境情報や総合政策、国際文化など、そういう学問分野があるわけではありません。いろいろな分野の教員が集まってカリキュラムを組み、学生たちが自由に科目を取れるような形にしようということで、初めから従来の学部・学科の枠を取り払った学部が新名称学部です。その傾向はさらに強くなっていくだろうと思います。

三つ目は経営の合理化です。私立大学にはこれまで経営がなかった、という私学関係者もいますが、たしかに学生数がどんどん増えていた時代には、経営の効率化、合理化は考えなくてもよかったのでしょう。しかし厳しい状態になってくれば当然その問題を考えなくてはなりません。先ほど「サービス大学」化といいましたが、特に問題になるのは、提供しているのは本当にサービスなのか、それともたんなるパブリシティのためなのか、収益事業なのかという問題です。そのよい例が生涯学習です。生涯学習のためにどこの大学でも公開講座を開いたりしていますが、いったいそれはペイしているのか。大学のパブリシティのためならば、ペイしなくてもいいのですが、もしそれを収益事業にしようというのであれば、ペイするかしないかを考えなければなりません。受講生がどれだけ集まるか、教員に支払う人件費と学生たちが支払う受講料は見合っているのか。アメリカの大学ではこうした生涯学習の部分は独立採算制になっている場合が多いようですが、日本の大学はまだそうではありません。そういう問題が起こってきます。

また、日本では、経営的に成り立っている大学院は皆無といっていいだろうと思います。どこも学部の授業料収入の上に大学院が成り立っている。また、早稲田や慶応などの私立大学は国立大学と競争していますから、授業料を学部よりも低くして学生を集めている。国立大学並みかそれ以下の授業料しか、大学院では取っていない大学もあります。採算ベースに乗っていない。また、ロースクールやビジネスクールを作る大学が増えていますが、学生1人あたり200万～300万円位取らないとペイしないだろうと言われています。そんなに高い授業料を取って学生がくるだろうか、あるいはその授業料にふさわしい教育ができるだろうかが、新しい問題として登場してきているわけです。

さらにいえば、日本の大学は、バイキング方式といいますか、いったん一定額の授業料を払ったら、あとは何単位取ろうと自由ということになっています。150単位も160単位も取る学生もいれば、高い授業料を払ったのにあまり単位を取らないで、5年たっても6年たっても卒業しない学生もいるという状態になっています。考えてみれば不思議な話です。大学にとっても学生にとっても効率を考えれば、単位制の授業料に移行する大学が出てきても不思議はありません。取得した単位に応じて授業料を取る。立命館大学が新しく大分県に作ったアジア太平洋大学は、そういう考え方に立っているようです。登録料の他に単位ごとの授業料を取る。そういう方向にだんだん移行しなければ、経営的に厳しくなっていくだろうと思われます。

施設・設備や人の問題も、24時間とはいわないまでも、可能な限りフルに活用する方向で考えざるを得なくなる。そういう厳しい状態にだんだんなってきています。

大学についてはもう一つ、個性化、多様化の問題があります。これまでは他の大学と同じようなことをしている大学、あるいはデパートのように総合的に、さまざまな学部を持っている大学が理想とされてきました。総合大学で、大学院の研究科も全ての学部の上に置いている大学が理想とされてきた。しかし、これからはそういう状況ではありえないでしょう。学生数の右肩上りの増加が望み難いということになれば、総合型か単科型かを大学自らが選んでいかなければならないでしょうし、研究重視で行くのか教育重視で行くのかも選択しなければならない。教育についても、これまでのように漫然とやるのではなく、専門職業教育重視の、国家資格を取らせるような教育をするのか、それとも通常のつぶしのきく専門教育や職業教育をするのか、あるいは教養教育を重視して、修了したあとでさらにどこかの専門職大学院に進学するような人たちを育てるのか。どのような学生層に重点を置くのか。若者なのか成人なのか、フルタイムかパートタイムかなど、これからはいろいろな選択を大学が迫られることになるでしょう。

いま90校近い国立大学がありますが、その国立大学にこの数年間で起こった一番大きな変化は、自分の大学としてのミッションはなにかを、はっきりさせざるをえなくなったことです。法人化とからんで、各大学は6年間の中期目標・計画を提出することを求められるようになりました。大学評価のシステムも動き始めました。国際的に通用する大学になるのか、それとも地域密着型の「地域拠点大学」で行くのか、どこに重点を置いて大学を運営していくのか。98年には大学審議会が「個性輝く大学」をキーワードに謳った「21世紀の大学像」答申を出しましたが、その個性化が現実に選択を迫られる問題になってきているということです。

最後にもう一つ大学については、アカウンタビリティの問題があります。「説明責任」と訳されていますが、国公私立を問わず、資金を提供している人たちに対して、自分たちがその資金を使って何をしているのかを説明する責任ということです。それを大学が問われるようになっています。これは国立大学の場合には非常にはっきりしています。多額の税金を使っている国立大学は、いったい何をしているのか。これまでほとんどその点について情報発信をしてこなかったではないか。これからはもっと情報を発信し、提供する必要がある。その一つの方法として大学評価・学位授与機構を作って、そこで定期的に評価を実施し、その結果を公表することになったわけです。教育活動はどうなっているのか、研究活動はどうか、あるいは社会的なサービスはどうか、きちんと報告をし、第三者の評価を受ける。法人化後はさらに国立大学法人評価委員会で教育研究活動、さらには管理運営をふくむ諸活動の評価を受け、それに基づいて、資金の配分を受けることに、国立大学はなっています。

この説明責任は、私学の場合にも無関係ではありません。私立の大学や短大も、国の助成、国の補助を受けているわけですし、それ以上に、学生たちが最大の資金提供者ですから、こうした人たちに経営の内容を公開していくことが求められます。また、国から資金援助を受けるのであれば、国の評価を受けざるを得なくなります。こうした説明責任を問う動きは、世界的な傾向であり、私立大学にも及んでいくことは避けがたいでしょう。

いま大学に競争的に配分されている資金で、一番重要なのは科学研究費です。政府から1300億円ほどが、大学の研究者に配られています。それぞれの研究者が研究のプランを作って、それを提出し審査を受けて研究費をもらう。この科学研究費の、全てではありませんが、ある部分について政府が30%のオーバーヘッド（間接経費）をつけることをはじめました。たとえばある研究者が1千万円の研究費を取ってきたら、自動的に300万円のお金が、それとは別に大学に交付されるということです。大学はそれを自由に使うことができる。つまり先生たちが研究費をたくさん取ってくる大学ほど、オーバーヘッドとして大学が自由に使えるお金がたくさんくる。研究活動の盛んな大学に対する第二の補助金のようなものです。そうなると、どれだけ科学研究費が取れるかによって、大学に相当に大きな財政面での影響が出てくる。1億円の科学研究費を取れれば、3千万円のお金が大学に入ってくるわけですから、この点でも競争が激しくなるだろうと思われます。同時に、そうした資金をもらうのであれば、そのお金をどう使っているのかを含めて、それぞれの大学が経営の状況や経理の公開をせざるを得なくなっていく。大学にとっては「サポート・バット・ノーコントロール」が理想とされてきましたが、サポートと同時にコントロールも来るようになる。「サポート・アンド・エバリエーション」という状態に、だんだんなっていくでしょう。

教職員の問題

三つ目は教職員の問題です。これまで大学の中で教員と職員の仕事ははっきり分かれていました。ところが最近は、「グレイ・ゾーン」と私は呼んでいますが、職員とも教員ともつかない仕事が増えてきました。入試や就職、あるいは留学生問題や国際交流、最近は研究協力などもあります。大学開放のさまざまな事業もそうですが、大学教員の仕事か事務職員の仕事か、はっきりしない部分が増えている。どちらでもやれる仕事というか、どちらかがやらなければならない仕事というか、そういう部分が増えてきています。アメリカの大学では、こうした仕事はそれぞれに専門的な仕事であって、資格も持った、専門性を持った人たちが担っています。ところが、日本の大学はそうではなく、必要に応じてローテーションで、いろいろな人たちがその仕事に関わっては、またやめてほかのポストに移っていく。ときには教員のなかの誰かが、その仕事を一定期間、負担する形になっています。

こうしたグレイ・ゾーンの仕事・役割を明確にしていかないと、大学運営の合理化はできません。1人の教員が何でも背負い込んでいる、あるいは1人の職員が専門性もなくあちこちポストを動いている状態は、望ましいことではありません。専門性を持った職員を育てる、あるいは教員の仕事の一部を職員に委ねることが必要になってきます。教員の中に、教育研究以外の仕事に携わる人を作ろうという動きが出てきていますが、こうした動きがさらに強まっていくだろうと思われます。

同時に、教職員についてはアウトソーシングが、これまで以上に広まっていくだろうと思います。すでに、大学の教職員の仕事の一部は外部化されています。国立大学でも、すでに清掃や接遇の仕事が外部化されていますし、警備の仕事もほとんど外部に依存しています。これからは、教育についてもそうした傾向が強まっていくでしょう。たとえば実用的な外国語や、コンピュータによる情報処理を教える人たちが大学教授である必要は必ずしもないでしょう。外部から専門家、エキスパートを雇ってきたほうが効率的でしょう。英会話をきちんと勉強したい大学生たちは、すでに専修学校にいっています。大学の授業では英会話を効率的に習うことができない。これはおかしな話で、高い授業料を取って英語を教えているのに、英語の実用的な能力が身につかない。それなら実用英語については専門家を外から雇ってきて、教育してもらったほうがいい。情報処理技術も日進月歩ですから、専任でコンピュータ関係の教員を採用しても、何年もたたないうちに陳腐化して、時代遅れになってしまう。若い人たちの方が最先端ですから、こうした仕事にはむしろ若い助手や院生クラスの人たちがいい。そういう問題が、さまざまに起こってきています。

補習教育にしてもそうです。大学が補習教育をしなければならなくなっていますが、大学の物理学の教員が高校レベルの物理を教えるのは、もったいない話です。高校の教員、あるいは高校教員OBのほうが、大学の教員よりも教えるほうが上手でしょうし、効率的です。あるいは予備校に依頼するということも、考えざるを得なくなってきています。実際にそういう動きが始まっているようです。最近の新聞報道によると東京大学の工学部でも教育専任の教授や助教授を雇う、つまり研究しなくてもいい人たちを雇う、という話が出ているようです。補習教育の問題はこれからますます重要になっていくでしょうが、専任の教員を雇う必要は必ずしもない。アウトソーシングが広がっていくかもしれないと思います。実際にいま、大学にはいろいろなキャリアの人たちが教員として入ってきています。国立大学にも、企業や官庁から一時的に出向してきている人たちがいます。そういう人たちが増え、その結果として、教員層はますます多様化していくとみていいでしょう。

大学の教員については、アカデミック・トラックと言いますか、大学院を出て助手になり講師、助教授をへて教授になるという、オーソドックスなコースをたどってくる人たちが減少する傾向にあります。もちろん伝統的な大学では、依然として伝統的なキャリア・トラックの教員が多数をしめていますが、新設の大学や新しいタイプの学部にいけば、ノン・アカデミックなトラックをたどってくる人たちが大幅に増えています。企業や官庁、いろいろな研究機関やマスメディア出身の教員が入ってくる。いま話題のロースクールもそうですが、従来の大学の教員だけでは教授陣を編成することができない。弁護士や裁判官、あるいは検察官などの実務家を入れなければカリキュラムが組めません。従来の大学の教員には、実務的な科目を教える能力がないわけで、これはビジネススクールの場合も同様です。そのために実務家を登用しなくてはならない。勤務の形態も専任だけではなく、準専任的な扱いや非専任的な扱いなど、大学教員の構成そのものが、実際にすでに変わりつつあります。

このように、教員の間でさまざまな変化が起こっていますが、もう一つ言えば、多様なキャリアの人たちを雇えば雇うほど、ファカルティ・ディベロップメント、FDと呼ばれますが、教育経験のない人たちに教育の仕方を教え、身に付けてもらうことが問題になってきます。大学教員も「教員」として教育のプロでなければならないわけで、FDがこれからますます盛んになるだろうと思います。

教職員の問題で最後にもう一つ、先ほども少し触れましたが、大学教員の間で、だんだん役割で分化していかざるを得なくなってきました。大学の教員は教育と研究、サービスと管理運営という四つの仕事を基本にしています。この四つの役割を、まんべんなくこなすのが当然ということにこれまではなっていました。しかし、それはこれからの大学教員のあり方ではなくなるだろうと思います。管理運営に早い時期から専念する教員が出てきてもおかしくはない。大学の教員はなによりも研究者だといわれますが実際には7割、8割の先生たちは教育者です。実際に研究を主にしている教員は、研究とは何かの定義にもよりますが、2割か3割程度と考えるのが妥当でしょう。教育のための研究をしている人は当然たくさんいますが、研究のための研究をしている教員はそんなに多くはない。教育と研究の役割を分けていかないと、すべての教員が何でも平等にこなすというこれまでのやり方では、やっていけなくなってきています。それは、権限の委譲を伴わないとできないことです。

いま法人化された国立大学の管理運営をどうするかが問題になっていますが、学長の権限を強化する、学長を中心に執行部を作って運営することが国立大学でも当然視されています。私立大学はもちろん、そうした問題をこれまで以上に真剣に考えなくてはならないでしょう。そうなると、報酬のシステムもいままでとは変わってくるはずです。果たした役割に応じた報酬の払い方をしなければならない。法人化した国立大学ではどの先生にいくら給料を払うかはそれぞれの大学の自由ということになっています。実際にどこまで自由化されるかは別にして、新しい給料の支払い方を考えざるを得なくなることは間違いないでしょう。

多様化する学生

最後に、学生の問題があります。大学にとって学生はもっとも大きな変化の要素ですが、その学生についていま問題になっているのは、何よりも学力の低下です。これは一面では起こるべくして起こっていることだとみていいでしょう。18歳人口が減るなかで進学率が上昇していけば、当然これまでよりも学力の低い層が大学に入ってきます。それは別に一部の大学だけの話ではなくて、東京大学のような高学力層が入る大学でも、起こることです。東大の入学者は約3千人ですが、もし知的能力が心理学者がいうように正規分布しているとしますと、18歳人口が205万人だったピーク時の3千人と、それが150万人、やがて120万人になった時の3千人とで、学力は同じではありえないからです。

参議院での議論の中で有馬元東大総長が、国立大学の入学者の質を上げようというのなら入学者数を減らすべきだ、200万人の時の3千人と、150万人の時の3千人では違うのだから、それに合わせて4分の1学生を減らしてもいいのではないか、そうしないとこれまでより低い学力層が入ってくると発言しておられました。それが妥当な考え方かどうかは別として、子供の数が減れば当然、どこの大学でも入学者の下限はこれまでよりも低い学力層に広がることになります。

こうした形での学力低下は、入学後の教育をきちんとすれば対応できる問題ですが、もう一つ、さらに重要な問題として、受験競争の圧力が緩和されたこともあって、勉強したがらない子供が急速に増えている現実があります。学力には、狭義の学力と「学習力」とでもよぶべきものがあります。狭義の学力は、たとえばきちんと読み書き計算ができるかという問題です。学習力というのは勉強したいという意欲や、勉強するのに必要な基礎的なスキル、たとえば辞書をどう引くか、何かの課題が与えられた時にどう調べるか、あるいはリポートをどう書くかという能力です。「学力」もさることながら、こうした「学習力」が身についていない子どもが急激に増えてきています。これからますます入試の圧力が緩和され、相対的に低い学力層が入ってくるわけですから、補習教育がさらに重要になっていく。補習教育をきちんとしないと、専門教育そのものが成り立ちませんから、この部分がさらに重要になっていく。

二つ目は入学者選抜の問題です。入学者選抜について文科省はこの20年ほどの間、多様化政策を取ってきました。そこでの多様化とは学力に頼らない、学力評価に頼らない入学者選抜を積極的に導入する、ということでした。つまり、受験競争が緩和されて、推薦入学もあれば、一科目入試もある。勉強しなければならないという圧力が弱くなりはじめたにもかかわらず、事実上学力を問わないで入学させる政策をとりつづけてきた。その相乗効果としていまのさまざまな問題が生まれているわけです。こうした政策を取っている間に、一般教育のしばりがなくなったこともあって、大学側に入試問題の作成能力がなくなるという深刻な問題が出てきました。数年前から入試問題の作成を外部委託する話が出ています。商売になるというので、予備校が引き受けはじめていますが、こうした傾向もこれから強まることはあっても、弱まることはないだろうと思います。

これまでの入学試験は、学力を評価してきたように見えますが、実際にはそうではなくて、試験の結果で受験生の順番をつけることの方が重要だったわけです。しかし、これまでみてきたような状況になると、どうしても入ってくる学生の学力をきちんと測らなければならなくなります。補習教育をするにしても、この学生は高校2年生程度の数学の学力があるのか、高校1年程度の英語の力があるのか調べなければ、補習教育そのものが成り立ちません。これからは入学者選抜の試験を行うとしたら、重要なのは選抜のための序列づけではなく、入学後の教育のための学力評価の方向に変わっていかなければならないでしょう。そのことに気づき始めた大学もありますが、ここにもテスト企業、テスト産業が参入する余地が生まれています。大学の側が客観的に学力を測る能力を十分に持ちあわせているという状況にはないわけで、長年模擬テストをやってきた受験産業のほうがそういう力を持ち合わせているということかもしれません。いずれにしても入試や学力テストのアウトソーシングが進んでいく可能性が、大きくなっています。

それと同時に、大学はこれからは入学者選抜の多様化路線を見直さざるをえなくなると思われます。大学によっては10種類をこえる入学者選抜をしています。受験料稼ぎの面もありますが、1月から3月まで、本来の研究や教育ができない。教員も職員もいろいろな種類の入学者選抜に関わらざるをえない。国立大学ですらそうなっています。そこで入試の管理が甘くなり、ある大学のように採点用のコンピュータ・プログラムを間違えていても気づかないということになる。複雑な選抜方式を取り入れた弊害が現れているのではないか。日本は世界でも例外的な、複雑で多様な入学者選抜方式をとっている国です。他の国でこんなことをしているところはありません。早晩見直しの時がやってくるだろうと思います。私立大学自身が、多様な選抜方法を導入してもコストばかりかかり受験生が集まらないことから、その数を減らす方向にあります。入学者選抜もこれから大きく変わっていくでしょう。

三つ目は中退者の増加の問題です。大学の教育年限は4年です。小学校を除けば中学や高校よりも長い。大学で4年間のしかも、専門的で抽象度の高い教育を受けるのは相当に忍耐力がいることです。たとえばアメリカでは2年制の高等教育機関が発達していて、あまりそうした意味での忍耐力のない人は最初の2年でやめて社会に出る仕組がつくられています。ところが日本の短期大学は残念ながらそうした役割を果たさないで、女子の教育機関化し、4年制大学中心に発展をとげてきました。しかし、4年間は長すぎると感じる学生は少なからぬ数いるのではないか。実際に学力だけでなく、学習力も下がり、学習意欲の乏しい学生がふえてきています。こうした学生は入学して早々に不登校になったり、中途退学していく。正式な数字はわかっていませんが、かなりの数の中途退学者がいるのではないかと思われます。そうなれば、中途退学者を救済する仕組みが必要になってきます。アメリカのような制度のもとでは、中途退学者は別の大学に行く場合が多いのですが、日本の場合には中退者を受け入れる仕組みがいまのところ整っていません。これからは中途退学者を受け入れるためのさまざまな装置が、作られなければならなくなるでしょう。単位の累積加算制や編入学制はその一つの装置ですが、そうした変化も中退者の増加とともに起こってくると思われます。

それから四つ目は就学形態の変化です。フルタイムとパートタイムの区別は、これからますますあいまい化していくと思います。日本の大学生はある意味で、すでにパートタイム化しています。コンビニやファーストフードの店で働いている人たちの大部分は大学生です。かれらは事実上、働きながら勉強しているという状態です。その延長上にフリーターがあるのだと思いますが、そうしたフレキシブルな就学形態をとる人たちが増えています。成人学生が増えればますますそうなる。そうなれば大学も、4年間フルタイムの学生を相手にした、単一の教育課程だけではやっていけなくなるので、別の方法を考えなくてはならない。授業料も、いままでのようにフルタイムの学生だけを想定して、前払いで全部の授業料を徴集してしまうというのはおかしいということになるでしょう。いまは何単位取るかによって違ってくるという、単位制の授業料ではありませんから、5年、6年と留年して数単位しかとらなくても毎年同じ額の授業料を払わなければならない。それはおかしいので、はじめから6年かけて卒業したいという人たちの授業料をどうするか、教育の仕組みをどうするか、ということが問題になっていくだろうと思います。

最後に、大学の教育はこれからますます参加型の学習、教育になっていくと思われます。学生を教育の過程に積極的に参加させるようにならないと、大学はやっていけなくなる。少人数での対面的な教育、実習や実験重視の教育をしていかなければ、学生を満足させることができなくなるでしょう。その意味で、授業評価の制度が大事になります。教員の方が授業評価制度の導入を嫌っている大学が多いのですが、教育を改善するため、さらには教育の過程に学生を参加させるための手段として、これは欠くことのできない手段のひとつだと思われます。日本の大学でも、次第に授業評価の導入と活用が広がっていくのではないか。同時に、ようやく日本でも初年次教育、つまり入学して最初の年の教育が大事だという意識が強まってきました。ここで躓くと学生たちが4年間持続的に勉強するようにならない、中途退学者も増えるということで、そういう問題が出てきています。

学歴社会の終り

このようにさまざまな変化が起こっていますが、はじめにふれたように、90年代は大きな変化が起こった時代でした。21世紀の最初の10年はもっと大きな、変化の波が襲ってくるのではないか、いやすでに襲ってきていると思われます。そこで問われるのは、変化に対応する力をどれだけもっているかということです。短大がわずか十数年の間に急速に魅力を失った理由はいろいろあるでしょうが、時代の動きに適応し損ねた、時代の風をとらえ損ねたところに最大の問題があるのではないかと思われます。

十数年前から、女子の進学が4年制大学に移っていくことは予測されていました。そうなったときに、小規模単科の短期大学がどこまで学生を失うか、どこまでやっていけるのかという問題は、以前からあったわけです。ところが、そうした変化への適応努力を短期大学は十分にしてこなかった、できなかったということがあるのではないか。これからは大学の間でも、同じようなことが起こるだろうと思います。大学も国、公、私の別なく、それぞれに時代の新しい状況にどう対応していくかを問われる時代になっていく。その対応能力を強めるためには、なによりも自分自身についての正確な認識がなければならないことがはっきりしてきました。この10年、「自己点検・評価」という言葉が大学の世界で支配的になりましたが、自らを正確に点検評価し、認識しないと時代の流れに適応できなくなるということです。

これまで国立大学の問題にたびたびふれてきましたが、その国立大学はいま、変化への対応能力を高めるためのさまざまな改革を強いられています。それは、いってみれば国立大学の「プライバタイゼーション」、私学化といってもいいような変化です。国立大学が次第に私立大学に近づいていく。

国立大学であっても、経営を中心に考えていかざるを得なくなる、ということです。

もう一つ重要なのは、大学の「専修学校化」とでも呼ぶべき変化が起こっていることです。多くの大学が、職業教育や専門職業教育を重視しないとやっていけないと考えるようになってきました。大学院のプロフェッショナル・スクール化の必要性は、長い間言われてきましたが、ようやく職業重視の「専門職大学院」の本格的な制度化が日本でも始まりました。ロースクール、ビジネススクールはその一つの現れです。実用的で実践的な教育を受けたいと考える成人学習者が増えれば増えるほど、そうした職業教育を重視する学部、さらには大学院の重要性が増していくと思われます。18歳人口がこれから減っていくなかで、どこから新しい学習者層が生まれてくるかといえば、それはなによりも学校卒業後、さらに勉強したいと考える成人学習者でしょう。その意味で、生涯学習社会化は避けられない動きになってきています。

学歴社会は、すでに終わりつつあります。学校教育が飽和状態に近づいたときに、終わったといってよいでしょう。学歴に代わって重要性を増してきているのは、一つは資格、国家試験などによって得られるライセンスです。医師や弁護士がそうですが、ほかにもさまざまな国家資格が登場しています。それからもう一つ、これから増えていくのは能力証明とでもいいますか、ディグリー（学位）でもライセンス（資格）でもない「サティフケート」とでも呼ぶべきものだと思います。これだけのことを学んで、これこれの職業的な能力、専門的な能力を持っているという証明書です。これからはだんだんサティフケートの時代になっていく。アメリカ社会の動きなどを見ていると、そういう方向に大きく動いているように思います。そのための教育訓練の機会をいったい誰が提供するのか、という問題が高等教育全体について問われるようになるのではないか。

学歴、つまり学位（ディグリー）は大学にしか出せないものです。ライセンスは国家が出しますが、そのための準備教育は大学だけでなく、専修学校を含めた他の教育機関でもできます。問題は残るサティフケートです。それに必要な教育機会をいったいどこが提供するのか。アメリカの例を見ますと、大学がこの領域にも進出して、サティフケートも、それからディグリーも自分たちが提供するような、総合的な高等教育機関になりつつあるように見えます。

アメリカでこの10年ほどに生じた新しい傾向として、「フォー・プロフィット・ユニバーシティ」の登場があります。フォー・プロフィットとは「営利を目的とする」という意味です。大学はもともとノン・プロフィット、非営利の団体ですが、企業が大学を作る、つまり株式会社「大学」が次々にアメリカで作られています。そういう大学は、ディグリーも出しますが、さまざまな形でサティフケートを出しているようです。そうした動きは日本にも及んできています。

いずれにしても、高等教育の世界は急速に変化しつつあります。高専があまり発展しない、短期大学の規模も小さくなっていくという中で、これからは大学と専修学校が、高等教育システム全体の中で直接競合する時代がやってくるのではないか。どういうサービスを提供し、どういう質の高さを達成するのか、新しい状況の中で時代の風を読んで、それにどう対応していくのか、経営的な努力を迫られる時代になっていくことは、間違いないでしょう。

3章　国立大学のゆくえ

ここでは国立大学が直面している問題について考えてみたいと思います。その場合2001年6月に出された「遠山プラン」が、ひとつの重要な切り口になるのではないかと思われます。そこで、まずはそれを手掛かりに国立大学の抱えている問題を考えることから始めたいと思います。

政策の転換

遠山プランと呼ばれる、「大学（国立大学）の構造改革の方針」は、大きく三つの柱でできています（表1）。経済財政諮問会議の席上で、当時の遠山敦子文部科学大臣がその内容を発表したことからこの名がつきました。その中身を見て、まず受けるのは大胆な案が唐突に出てきたという印象です。積年の懸案事項に大胆に切り込み、決着をつけようとしている感じがしますが、いまなぜこうした構造改革が必要なのかについて、決して十分に議論が尽くされた結果として出てきたというものではな

表1　大学（国立大学）の構造改革の方針（平成13年6月文部科学省）
——活力に富み国際競争力のある国公私立大学づくりの一環として——

1. 国立大学の再編・統合を大胆に進める．
○各大学や分野ごとの状況を踏まえ再編・統合
・教員養成系など→規模の縮小・再編（地方移管等も検討）
・単科大（医科大など）→他大学との統合等（同上）
・県域を越えた大学・学部間の再編・統合など
○国立大学の数の大幅な削減を目指す
——→スクラップ・アンド・ビルドで活性化
2. 国立大学に民間的発想の経営手法を導入する．
○大学役員や経営組織に外部の専門家を登用
○経営責任の明確化により機動的・戦略的に大学を運営
○能力主義・業績主義に立った新しい人事システムを導入
○国立大学の機能の一部を分離・独立（独立採算制を導入）
・付属学校，ビジネススクール等から対象を検討
——→新しい「国立大学法人」に早期移行
3. 大学に第三者評価による競争原理を導入する．
○専門家・民間人が参画する第三者評価システムを導入
・「大学評価・学位授与機構」等を活用
○評価結果を学生・企業・助成団体など国民，社会に全面公開
○評価結果に応じて資金を重点配分
○国公私を通じた競争的資金を拡充
——→国公私「トップ30」を世界最高水準に育成

表2　99校の国立大学の類型（天野作成）

1）基幹・研究・重点大学　13校
（7旧帝大，一橋・東京工業・東京医科歯科，筑波・神戸・広島）
2）地域拠点・地方国立・総合複合大学　37校
（6旧官医大：千葉・新潟・金沢・岡山・長崎・熊本，その他）
3）特殊単科大学　24校
（8全国単科：お茶の水女・奈良女・東京外語・大阪外語・東京芸術・東京商船・神戸商船・電気通信，8教育単科，その他）
4）新構想単科大学　25校
（12医科，3教育，2技術科学，4大学院，その他）

い。小泉行財政改革の一環として、いわば外圧で出てきたという感は否めません。

その遠山プランが出るまで、文部科学省の国立大学に関する最大の改革課題は、法人化でした。ところが2001年6月中旬に開催された国立大学協会の総会の冒頭で、その前の週に経済財政諮問会議で発表された遠山プランが登場したのです。

それまで、1年かけて法人化論を議論してきた国立大学協会側は、思いがけないかたちで改革の圧力が加速され、浮き足立った状態になりました。これは後に週刊誌等にいろいろ書かれることになりますが、確かに国立大学側が衝撃をうけたのも当然だと思われます。それは、この構造改革プランがどのように具体化されるかによって、単に国立大学が変わるというだけではなく、高等教育全体が大きく変わる可能性を持っていたからです。

構造改革の方針では、「国立大学の再編・統合」の部分がもっとも具体的に書かれています。各大学や学問分野ごとの状況を踏まえ、①教員養成系などは規模の縮小・再編、地方移管等も検討する。②単科大学（医科大など）もほかの大学との統合、地方移管も考える。③大学・学部の県域を超えた再編・統合を検討するとあります。また国立大学の数の大幅削減を目指すということも書かれています。

そこで、その時点で国立大学のおかれていた状況について簡単に説明しておきます。国立大学は当時99校ありましたが、それをいくつかのグループに分けてみたのが表2です。一番目として「基幹・研究・重点大学」が13校あります。7校の旧制帝国大学系の大学（北海道・東北・東京・名古屋・京都・大阪・九州）と3校の単科大学（一橋、東京工業、東京医科歯科）、3校の旧官大（筑波、神戸、広島）です。

二番目のグループは「地域拠点・地方国立・総合複合大学」で全部で37校あります。6校の旧官医大（千葉、新潟、金沢、岡山、長崎、熊本）も含まれます。ほかに新官大と呼ばれている大学、戦後にできた医科大学、1949（昭和24）年の新学制の発足までに医科大学になった大学、医学部を統合した大学、それに純然たる新制大学があります。

三番目に「特殊単科大学」が24校あります。その中には8全国単科（お茶の水女、奈良女、東京外語、大阪外語、東京芸術、東京商船、神戸商船、電気通信）と呼んでおきますが、女子教育、外国語、芸術、商船というように、ほかの大学とは異なる、特殊なジャンルの学部を持った大学が8校あります。また教育系の教員養成単科大学が8校あります。

四番目が「新構想単科大学」で、25校あります。昭和40年代以降に新設された12校の医科大学と、鳴門、兵庫、上越の教員養成系の新構想大学が3校、高専の卒業生を入学させる豊橋と長岡の技術科学大学があります。そのほかに4校の大学院大学（北陸先端、奈良先端、総合研究大学院、政策研究大学院）もあります。沖縄につくることが決まっている大学院もこのカテゴリーに入ります。

99校が以上のような構成になっていて、単科大学と総合大学や複合大学の比率は、ほぼ半々になっていました。一番多いのは、地域拠点大学と呼んだ、いわゆる「地方国立大学」です。第二次大戦後に一県一大学を原則に設置された大学で、新制大学発足時に各県に1校、総合大学ないし複合大学を置こうという構想のもとに開学した大学です。そこには必ず教員養成学部ないし教養学部（文理学部）に相当する学部を置く。農学部、商学部、工学部などの産業関連の学部は地域の産業構造に応じて置く。医学部は地域の医療との関係で可能な限り置く、という考え方にもとづいて設置されました。つまり大学を、地域の文教の中心、核にすることが目指されていたのです。

１９４９年に一斉に新制大学が発足します。当時、国立の高等教育機関は全部で２７６校ありましたが、それを70校に統合しました。特殊単科大学のグループに入っている大学は、この統合のときにどこの総合・複合大学にも入らなかった学校です。

この再編・統合のなかで、七つの旧制帝国大学は「国立総合大学」と呼ばれていました。それ以外の各県に1校ある大学は「国立複合大学」と呼ばれていたのですが、「地方国立大学」と俗称されたこの大学を、だんだん整備充実して地域拠点大学にしていこうというのが、当初の文部省の方針でした。そして実際に地方の国立大学を総合大学化するために、学部の新増設を50年近くかかって推進してきたわけです。

この新増設の重要な核になったのは文理学部でした。もとの旧制高等学校は、統合された大学で文理学部になりましたが、改革、新増設のためにその文理学部が人文学部と理学部に分かれ、さらにそこから工学部や農学部、経済学部などがつくられてきたからです。

基幹・研究・重点大学はほかの大学と違って講座制をとってきました。そのほかの大学は学科目制です。講座制をとる大学については、博士課程の大学院を設置し、付置研究所も集約的につくるという政策がとられてきました。

東京文理大学を引き継いだ東京教育大学は、旧帝大に準ずる総合国立大学として筑波大学になりました。広島文理科大学、神戸商業大学を引き継いだ広島大学、神戸大学も、地域拠点大学から格上げされて、研究機能の強い大学となります。とくに広島大学は第八帝国大学をつくりたいという要求が古くからあり、国立総合大学に近いものにしていこうという政策的な意図から、しだいに整備されていったものです。

新構想の単科大学は1970年代に入ってから、中教審のいわゆる「四六答申」をうけて次々につくられるようになりました。72年から81年の10年間に21校の国立大学がつくられていますが、そのうち、筑波を除いてすべて単科大学です。既存の国立大学ではできないことをやるために、新しいタイプの単科大学をつくるという政策的な意図がはっきりと示されていました。

再編・統合の問題

遠山プランに示された国立大学の再編・統合は、戦後一貫して取られてきたこうした①基幹大学を研究大学として育成していく、②地方国立大学は総合化して地域の拠点大学にしていく、③単科大学の中で新構想のものはそれぞれ特色を持たせた大学として育てていくという、これまでの政策からすると、非常に大きな転換だと思われます。

特に地域拠点大学にとっては一大転換といってよいでしょう。たとえば単科でつくった新構想の医科大学を地域の拠点大学、つまり地方国立大学の一部に統合しようという考え方が強く出されました。山梨大学と山梨医科大学の統合が一番早く決まりましたが、その後も新構想でつくられた医科大学と、同一県内の複合大学との統合が進んでいます。地域拠点大学を総合大学化していくという動きからすれば、戦後改革の総仕上げ的な側面を持っているといってもいいでしょう。

もう一つ進んでいるのが、特殊単科大学の総合大学への統合で、たとえば神戸商船大学と神戸大学が一緒になりました。そのほかに九州芸術工科大学と九州大学、図書館情報大学と筑波大学との統合もあります。特殊な性格を持った単科大学を総合大学の中に加えていくという改革、再編が始まっているわけです。しかし、別の見方をすれば、これらは新構想大学の後始末といってもいいでしょう。そもそも新構想大学として設立したときの理念は、統合によってどうなるのか、また統合の新しい理念は何かについて、統廃合の過程でどう扱っていくのか明確になっていない、という問題をかかえているわけです。

さらに重要な再編統合の問題として、嵐の目になると思われたのは、教員養成学部の統廃合です。これまで教員養成学部は、一県一大学原則のコアになってきました。戦後、新しい学校制度が始まったとき、一時的に教員の需要が増えたことから、1952（昭和27）年当時の国立大学学生の約半数が教員養成学部の学生でした。1967年になっても、依然として4分の1は教員養成学部の学生でした。ところがその教員養成学部が、必ず置くという原則どころではなく、不要であるという議論の真っただ中に立たされることになったのです。

教員養成学部についてはすでに、教員養成課程と新課程（総合課程）が併存しているところがほとんどです。中には教員養成課程の定員が１００人を切るところも出てきています。医学部の入学定員が90名前後ですから、教員養成学部も医学部並みになったということです。また、実際に卒業しても、約3分の1程度しか教員になれないために、もう教員養成学部はいらないという話が出てきたわけです。

しかし、この問題は複雑な性格を持っています。教員は医師と同様に、ローカルな専門職で仕事の場は地域のなかにある場合がほとんどです。また大学は決して新卒教員の養成だけをしているわけではなく、その地域の現職教員の研修等も担当しています。さまざまな学校等の相談にのったり、昨今の教育問題に関する研究もしています。さらにいえば教員養成学部は、いろいろな教科の先生たちを含んでいるので、一種の総合学部にもなっています。たとえば、芸術系の教員養成を担当している先生たちは、県の文化行政や地域の文化活動と深いかかわりをもっている場合が少なくありません。

このように地域と密接にかかわっている教員養成学部が、本当に不要なのかは十分な議論をつくす必要があるでしょう。卒業者が教員になれないのだから、統廃合して学部をなくしてもいいという単純な話ではありません。このような議論がないままに統廃合案が出てきた点を、危惧していましたが、実際に統廃合案が出されるとたちまち一部の県では県当局や県民の間から強い反対が出されるようになりました。また教員の需給自体、教員の年齢構成が上方に偏っていることから、今後大量の新卒採用を行わざるをえない府県が続出しています。単純な話ではないことがようやく認識され始め、統合話は、鳥取大学と島根大学を唯一の例外として、事実上凍結状態になっています。

地方移管論も複雑な問題で、地方の行財政システムと切り離せない関係にあります。コストのかかる国立大学を、府県に委譲することがいまの地方財政の状況で果たして可能なのかどうか。公立大学自身の経営が難しくなっている状況を考えると、国立大学を地方に押しつけるようなことが現実にできるのか。また、小規模の公立大学すら持てあましているのに、規模の大きい国立大学の管理運営の能力を、県当局が持っているだろうかという問題もあります。

これまで国立と公立の関係は、自治体の側が財政負担に耐えかねて、公立大学を国立大学に引き取ってもらう、つまり地方自治体が持っている大学を国に移管するというまったく逆の方向できていたのですから、ここでも大転換が構想されたことになります。

県域を超えた統合再編については、さらにその必要性がよくわからない面があります。道州制が導入されるのであれば、それに応じた対応という意味で理解できますが、日本の地方行財政は教育を含めてこれまですべて、県域をベースにしてきました。それを超えた統合再編にはそれなりの理念が必要ですが、それはほとんど語られていません。このプランも、まったく進展をみていないというのが、現状です。

もともと法人化の議論が出たときに、一部の関係者の間には、複数の大学が連合して法人化するという構想もありうるのではないか、という考え方がありました。ところが文部科学省は一大学一法人以外は認めないとはっきり言明し、合同で法人化することはないとしたわけです。それを県域を超えた統廃合、再編もありうる、永劫不変に一県一大学ということはあり得ないと文科省が言い出したというのも奇妙な話です。

いったい何のために再編統合するのか。行財政改革の一環なのか、教育研究の活性化のためなのか、それとも大学運営の合理化のためなのか、もともとはっきりしていないのです。国立大学が99校というのは多すぎるという議論だけが横行し、単なる数合わせになりかねません。統廃合すれば、人員や予算のカットの話も当然出てくるのでしょうが、コストの問題だけで統廃合することには問題があったと思うのです。

法人化と「トップ30」

構造改革の方針の二番目の柱は、「民間的発想の経営手法を導入」するというものです。実は戦前から、国立大学を法人化すべきだという長い議論がありました。大学という教育研究の場が、強い独自性を持っていることが、その背景にあります。大学には学問の自由や大学自治が重要で、その時々の政府、あるいは議会の言い分に従って予算の変更等が行われたりするのは問題だという考え方が、早くからあったわけです。

戦後は1971年の中教審のいわゆる「四六答申」が、国立大学の法人化の検討の必要性に、初めて言及しています。その後、1986年の臨教審答申のなかでも法人化問題の検討の必要が言われています。しかし、今回の法人化論は、いままでの流れとは全く違うところから出てきたものです。まず行政改革の一環として、行政官庁の一部を切りはなして独立させるために、独立行政法人の制度をつくろうという話がありました。その最大のターゲットは郵政の三事業で、これを独法化する案が出されました。

この独法化問題は、ご承知のように国家公務員の定員問題とも絡んでいまして、当初10％だった国家公務員の定員削減が20％になり、小渕内閣のときには25％にされました。これもまた数合わせの議論ですが、それを実現するために現業部門を独立行政法人化する。そうすれば、国家公務員定員の大幅カットになるというわけです。そして、郵政三事業の法人化が見送られることになったあと、約13万5千人ほど教職員がいる国立大学が、次なるターゲットにされたといういきさつがあるわけです。つまり、明らかに行財政改革の一環として出てきた法人化であって、大学のあり方を十分に考えた上での一つの選択肢として、法人化しようというのではありません。

しかし、どうやら法人化の方向は政治的に避けられないということで、文部省は大学人を中心に民間の有識者も入った大がかりな検討会議をつくりました。これに対応するかたちで国立大学協会側も検討委員会をつくり、お互いに法人化問題の検討を進めてきました。

この検討会議での議論や中間報告案を見ると、まず前提として「独立行政法人通則法」という固い枠があり、それと大学の独自性とのすり合わせに大きなエネルギーを割かざるをえなかったことがわかります。結局、最終的に出された国立大学法人法は、独立行政法人の「通則法」と重なり合うものの、国立大学の独自性にかなりの程度、配慮したものになりました。しかし検討会議の報告書や法人法そのものを読んでみると、中途半端な印象が否めません。文科省は人事、財務、管理運営、目標評価という4部会をつくって検討を進めてきましたが、どの部分についても十分議論が詰められていないままに終ったという感じがします。

特に管理運営システム、財務に関していえば、たとえば私立大学はまさに学校法人がつくっている大学ですが、その私立大学の運営の実態について、討議の過程で参考にした形跡はほとんどありません。法人化した場合の一番重要な問題は、経営と教学の関係をどうするかだと思いますが、国立大学法人法では、それが曖昧なかたちになっているという印象を受けます。これについてはまた後で、詳しく検討することにしたいと思います。

次は「トップ30」の問題です。その後「21世紀COE」と呼ばれることになりますが、これもそれほど新しい話ではありません。これまでもこれに類する、特定の大学に重点的に資金を配分する政策は、隠されたかたちで行われてきたからです。文部科学省は大学に対して表面上は平等主義、画一主義ですが、実質的にはめりはりを付けた予算配分方式をとってきました。そのやり方をやめ、これからは護送船団方式でも平等主義でもないことを、はっきり言明したというのが新しい点です。

つまり資金配分の過程に、評価のシステムと競争原理が導入されることになったわけです。

これまで文部科学省が所管している予算のなかで、競争的に配分されるのは、個人ベースで応募し審査の結果決定される科学研究費だけでした。ところが、COE（センター・オブ・エクセレンス）を選定して予算をつけるという構想は、個人ベースではなく、組織ベースでの競争的な資金配分を進めようという考え方に立っています。しかもそれを国立だけでなく、公立・私立にも及ぼそうというのです。予算額は約400億円で、学問分野を10に分け、人文系が一つ、社会科学系が一つ、残りは全て理工系ですが、各大学からの公募・審査方式をとりそれぞれの分野についてCOEにふさわしいプロジェクトを選び出し、そこに毎年1億円から5億円の範囲内、平均で2億3千万円程度の研究費を5年間配るという設計になっています。

COE予算が欲しい大学は応募して、評価委員会での評価をうけ、パスして予算がもらえるかどうかが決まります。評価基準については、たとえば教員のなかに学位取得者が何名いるか、国際会議にどのぐらい出席しているのか、国際的な学術賞をもらった人が何人いるかなど、細かい基準が示されているようですが、それらに基づいて評価され資金が配られることになります。いずれにしても、個性化、差異化の時代が到来し、資金と評価の多元的な状況が生まれてきたわけです。

このような動きは一歩の前進でしょうが、同時に、いくつかの問題点があることを感じます。一つは評価に関することで、公平性の問題です。日本では大学についての評価の経験、蓄積がこれまでほとんどありません。評価基準や評価尺度をどうするかという議論がようやく始まったばかりです。評価者の権威に頼るだけではボス支配になる可能性があります。しかも、似たような評価のための委員会があちこちにでき、特定の人ばかりが委員に名を連ねるようでは、ボス支配は強化されてしまうわけで、難しいところです。

負担の過重化も深刻な問題です。評価の能力をもった、だれが見ても権威と認める人が大勢いるわけではありません。優秀な研究者がいろいろな評価に引き出されれば、研究が栄えるどころか自分自身の研究ができなくなりかねません。いまや日本社会では「評価」は一種のまじない言葉になっていて、評価をして資金を配ると言えばだれもが納得せざるを得ないような状況があります。評価に対する過大な期待が存在し、評価者はその過大な期待にさらされているわけです。慎重にやらなければならないと思います。

二つ目は配分の問題です。放っておけば、特定大学や特定の研究者に集中する危険度がきわめて高い。資金配分が多元化すればするほど、そういう状況が生まれやすくなります。一種の「ウィナー・テーク・オール」、つまり「一人勝ち状態」が生じてしまう。同時に評価に基づくとは言いながら、配分方法によっては、たくさん資金を獲得したところは次回、それだけ優位に立つわけですから、大学間の序列の固定化が起こる恐れがあります。

もう一つ心配なのは無駄遣いです。競争的に配分されるのは研究費が中心ですが、資金の投入と研究のアウトプットが常に正比例するというわけにはいかないでしょう。必ずどこかで研究の生産性が飽和する。それはアメリカでも、スプートニクショック後の60年代に問題になったことです。

特定の大学、特定の研究者がいろいろなところに応募し、資金が特定の研究者や大学に集中的に流れてくる。日本の場合にもうひとつ難しいのは、そのフローとしてきた資金をストックに変える方法があまりないことです。新しい人を雇ったり、新しい建物を造ったりすることは、いまのところほとんど不可能で、研究費だけがフローとして積み重なり、結局それが無駄に使われる危険性は小さなものではないと思われます。

あらためていうまでもないことですが、人間は誰しも24時間しか時間を持っていません。日本の大学教員はこの24時間のなかで、教育・研究・管理運営・サービス、このごろはサービスのなかに評価まで入ってきましたが、この四つの役割をこなしていかなければなりません。それを見事にこなすのが英雄的な教授、研究者であり、そういう人が高く評価されるわけです。

しかし、24時間の枠内でどれかの時間が増えれば、どれかが減ることになります。そのしわ寄せはどこに行くのか。いまは研究のための資金がもっとも競争的な外部資金ですから、その獲得に努力すればしわ寄せはどうしても教育、あるいは社会サービスにいくことになります。教育のうちでも一番しわ寄せがいくのは学部教育になるでしょう。研究志向の強い教員たちは、自分と一緒に共同研究をする博士課程や修士課程の学生は大事だけれど、教育だけの対象である学部の学生は研究の妨げだということになる可能性があるからです。

他方、院生は研究費が増えれば増えるほど、いまの状態では研究補助者として酷使されることになる危険性があります。研究補助者の多い研究室・大学ほど研究成果が高いという調査結果もありますが、逆に言えば研究費が増えるほど、補助者がいなければ研究ができなくなります。補助者をたくさん、1~2年の期限つき・給与つきで採用できるアメリカの大学のようなシステムになっていればいいのですが、日本はそうではないために、院生を研究補助者として酷使することになりかねません。そうなれば教育の空洞化は学部だけでなく、大学院でも起こるということになるでしょう。

そのような事態を回避するためには、単に競争的な資金を増やすだけではなく、日本の大学の教育・研究組織全体をアメリカ的なそれに、転換するしかないのかもしれません。たとえば研究費を1億円もらった教員はそのうち1千万円を自分の給料に払えば、教育も管理運営も一切やらず、研究に専念できるというのがアメリカのシステムです。同時に管理運営もだれかに任せ、教育や研究だけに専念する、研究費の取れない人は教育だけをするというような仕組みに移行しない限りは、24時間の枠を破ることはできない。そこまで踏み切るつもりで取り組まなければ、研究費を出すだけで、国立大学の教育・研究の活性化は実現しないのではないかと思われます。

国立大学法人の設計

さて、あらためて国立大学法人ですが、ここで、成立した国立大学法人法をもとにその特徴をまとめておきましょう。

一つは管理運営組織の強化です。役員会を軸に、一方に経営協議会、もう一方に教育研究評議会が設置されます。役員会を構成するのは理事ですが、学長や副学長など学内から選任される理事だけでなく、学外者や非常勤の理事も加えることになっています。この役員会が大学の意思決定と執行の中心的な組織になります。経営協議会は、経営面でのさまざまな学長の諮問に答える機関で、ここには学外有識者を半数入れる。教育研究評議会は教育・研究面の審議機関で、学内の教員の中から選ばれた人たちによって構成されます。また、学長の選考については、経営協議会と評議会の代表者から構成された学長選考委員会が、学内者の意向も聞きながら学長候補者を選任し、文部科学大臣の承認を受けるという仕組みになります。

つまりこれまでのような、教授会から一つ一つ積み上げる意思決定や、ボトムアップ型の管理運営とは逆に、トップダウン型の管理運営組織になるということです。教授会は、これまでのように予算を含めて全てのことについて審議・決定権限を持つのではなくて、今後は教育や人事に関わる部分だけの権限を持つようになると考えられています。これに対して役員会の長である学長は、他の役員の任命権も、経営協議会のメンバーの任命権も持っています。また、評議会のメンバーについても、その一定部分について学長が任命することができる仕組みになっていますから、学長は大きな権限を持つことになります。

二つ目に、財務会計制度が大幅に変わります。これまでは「国立学校特別会計」として約2兆6000億円の予算があり、そのうちの約1兆円を授業料収入や病院収入でまかない、残りの約1兆6000億円を一般会計から繰り入れることで成り立っていました。その特別会計の枠内で、各大学に「積算校費制」を基礎に予算が配分されてきました。積算校費制とは、教員一人当たり、一講座当たり、学生一人当たりいくらという予算単価を積算の基礎にして、それを積み上げて各国立大学に配る予算を決めるという、いわばボトムアップの制度です。実際には、学問の領域によって必要な経費に違いがありますので、実験系と非実験系、医学部の場合は臨床系の三つに分けて、教官当たり、講座当たりの予算をつける。それが大学・学部の運営費や教育、研究費用に当てられるという仕組みを、戦後ずっととってきたわけです。しかし、２０００年度から、文科省はこの積算校費制を全面的に廃止し、とりあえず、前年並みの予算を保証し、その予算をどう配分して使うかは各大学の自由に委ねることになりました。ただし、教職員の人件費は積算校費とは別枠で、直接各教員に給与という形で支払われ、大学側が自分でその人件費の額を増減することはできない仕組みになっていました。

しかし、これからはそれが一変します。まず、国立学校特別会計という大きな袋はなくなって、各大学ごとに予算が組まれるようになります。その予算の重要な部分を占めるのは、国から支給される「運営費交付金」です。それはさらに、標準運営費交付金と特定運営費交付金とに分かれます。

「標準」というのは、学生数など外形的な基準をベースにした配分額とされています。もちろん、これまでの区分で言えば臨床系、実験系、非実験系それぞれで、経費が違いますから、学問領域別に計算基準は違い、配分額も違ってきます。しかも、それはこれまでと違って人件費を含んだ額として配られます。法人化された大学の教職員は非公務員になります。どんな教職員をどのような基準で何人雇い、どれだけの給与を払うかは、各大学の自由ということになります。つまり人件費を含めて、運営費交付金をどう使うかは大幅に自由化されるわけです。

「特定」というのは、「標準」ではみたすことのできない、各大学に独自の施設や事業の実施に必要な予算部分とされています。例えば、付置研究所や付属病院、あるいは練習船を持っているところがあれば、それらのための特別の予算がついてきます。これらが国からくる予算ですが、当面は法人化前の予算額を下回らない額が運営費交付金として配分されることになっています。

次に自己収入としては、これまで国庫に吸い上げられていた学生納付金や、付属病院の診療報酬があります。また、奨学給付金と呼ばれる企業その他からの研究費も、従来は一度国庫に入っていたのですが、各大学が自由に使っていいことになりました。

なお、授業料は今までは国が一定額に定めていましたが、一定の幅（今の時点では10％）の中である程度自由に決めることができることになります。大学によって、あるいは学部によって違う授業料を徴収するという、今の私学に近い形に移っていく可能性も出てきたわけです。なお、運営費交付金は、こうした外部収入と実際の必要経費との差額という形で計算され、配分されることになります。

また、施設設備費については国が別途負担することになっています。国立大学は法人化されても、建物等の減価償却を自ら行い、建物の更新等を自力で実施することはできません。基本的に施設は国が作って、出資するという仕組みになっています。

もう一つ重要なのは、企業会計原則を導入することです。これまでは官庁会計で、毎年度の予算を年度末までに使い切って会計検査院の検査を受ける仕組みになっていたわけですが、これからは企業会計に倣った新しい財務会計の仕組みを導入しなければなりません。公認会計士の監査も受けることになっています。これも国立大学には全く経験のないことですから、新しい会計原則に従った会計事務ができる職員をどう養成し、確保するのかということが大きな課題になってきます。

企業会計が入ってくることで重要な意味をもってくるのは、たとえばセグメント会計の考え方です。例えば、付属病院は収支が償っているのか、あるいは工学部では授業料収入とさまざまな研究費等を合わせて、収支のバランスはどうなっているのかといった、部局別の会計が問題になってきます。私立大学では文系の学部に多くの学生を入れて、そこからの授業料収入の一部を内部補助の形で、たとえば医学部等のお金のかかる学部に回すということが行われていますが、国立大学の場合にも同様のことになるでしょう。

また、一人の学生を教育するのにどれだけのコストがかかっているのかという、ユニットコストの計算も重要になってきます。今までのようにたとえば講座費という形で、国によって一定額の予算が保証されるわけではないので、各大学がどういう基準に基づいて予算を配分するかを考える時に、それが重要な意味を持ってくるからです。まだ議論されているところですが、従来の会計のやり方とは大きく変わってくることは間違いありません。

三つ目に、法人化とともに否応なく、目標設定・計画実施・業績評価という、企業経営で言えば、プラン・ドゥ・シーのサイクルが導入されることになります。そしてそこに文科省が関係してくる仕組みが作られることになります。

まず、各大学は6年間でどういうことを達成したいのかという中期目標を立てて、文部科学大臣の認可を受けなければなりません。次に、それに基づいて6年間の中期計画を立てますが、これも大臣の承認を受けることになります。そして、その計画がどこまで達成されたのか、実績評価を6年後に受ける。また、毎年度の実績についても報告して評価を受ける仕組みになっています。

その評価の中心になるのは、文科省に設けられる国立大学法人評価委員会です。この委員会は、目標の設定や計画の策定、実績の評価等について、大きな権限を持つものとされています。評価委員会は国立大学法人全体の評価をするわけですが、教育研究面についての評価は大学評価・学位授与機構に依頼することになっています。委員会が具体的にどういう機能をはたしていくのか、動き出して数年たってみないとわかりませんが、文部行政、国立大学行政が大きく変わることが予想されます。

四つ目は人事制度の改革です。国立大学の教職員は非公務員化され、各大学に雇われることになるわけですから、大学と教職員との間に雇用契約や労働協約を結び、就業規則をつくらなければならなくなります。各大学が独自に教職員の数を決めて採用し、研修もするなど、人事権の全てがそれぞれの国立大学法人に帰属することになります。これもまた全く経験したことのない事態ですが、教職員と労働協約を結ぶ。私立大学では雇用保険に入っていない教員が多数に上るようですが、そのあたりの問題も含めて、一体誰と労働協約を結ぶのか、労使交渉は誰とするのかといった問題が次々に出てくるわけです。

予想される変化

このように法人法の施行によって国立大学は否応なく変化せざるをえなくなっていますが、具体的にどう変わるのか、予想される変化について考えてみたいと思います。

第一に、各大学はカネとヒトとモノについて、自己責任によって調達・配分・活用しなければならなくなります。まずカネについてですが、ここ数年文科省は評価に基づいて競争的・重点的に配分される予算を、どんどん増やしてきました。先にみたCOE予算はその一つの表れですが、私学助成の方も、私立学校振興・共済事業団からの補助金の約3割は、すでに重点配分になっています。さらに、教育についても研究と同じように、応募方式でプログラムを評価して、資金を（COEに比べて少額ですが）配分する、いわゆる「COL」ないし「GD」予算が組まれています。いずれにしても、科学研究費やCOE・GD予算を含めて、各大学に評価に基づいて傾斜的、重点的、競争的に配分する額を増やしていこうというのが、文科省の考え方です。

次にヒトですが、国が教職員の定員を保証することはなくなり、人件費を含めて渡される一定額の予算の範囲内で、誰を雇っていくら払うかは自由に決めてよいことになります。もちろん、全く自由というわけにはいかないでしょうから、目安となる給与表を、たとえば国立大学協会などが作成することになると思います。いずれにしても、ノーベル賞級の学者を招いてくるために多額の給料を払うことも、建前上はできるようになります。教員とは雇用契約を結ぶわけですが、すでに始まっている任期制がさらに大幅に入ってくるでしょう。COE予算で雇われる人たちは、一定の期限を限って雇用されることになるなど、期限付の任用も増えるでしょう。また、事務職員については、アウトソーシングが積極的に行われるようになるかもしれません。このように、今後は雇用形態も多様化していくことが予想されます。

モノについては、国立大学の施設・建物は出資金という形で国から提供されます。その他に、PFIなどの民間資金を利用した建物の新設等の施設整備も可能になります。外部から借金をして建物を作るとか、民間が建てた建物を借り入れるとか、さまざまな方法がとられるようになるのではないかと思われますが、これらはみな、国立大学が今後自分の責任でやらなければならないことです。

第二に、これまでの教授会（部局）自治から、本来的な意味での「大学自治」に移行しなければならないということがあります。役員会（執行部）の権限強化が図られていることは先ほどふれましたが、モノとヒトとカネの配分の権限をその役員会が握りますから、新しい学内配分の方式を考えなければならなくなります。

実際に、2000年に積算校費制が廃止されてから、大学によっては本部がこれまでよりも多額の予算を留め置いて、特定の研究プロジェクトとか新しい教育プログラムに配分するという、めりはりの利いた予算配分の仕組みをすでに導入しています。今後はさらに学内でも、評価に基づいて競争的に予算配分する傾向が、どこの国立大学でも強まっていくと考えられます。

要するに文部科学省にお任せというのでなく、独立した一つの組織体・経営体としてどのように運営していくのかということを、各国立大学が自分で考え、計画的な大学経営をしなければならなくなったということです。それは全ての国立大学が、東京大学を理想のモデルに総合大学化をめざし、あるいは研究大学化を図るべく、文科省に予算要求をしていくというのでなく、それぞれの個性に応じた大学としてのあり方を考えていかざるを得なくなることを意味しています。

このように法人化は、国立大学に対して一定の経営上の自由を認める方向にありますが、それと引き換えに用意されているのが「評価」です。国立大学に限らず、これからはすべての大学が自己点検評価だけでなく、第三者機関による外部評価を受けなければなりません。大学評価・学位授与機構の設立当初の目的は、教育研究活動の活性化のために、専門分野別に教育研究の評価をするというものでしたが、今後は、国立大学の教育研究活動を丸ごと評価する方向で、役割が変わってきます。またその評価機構の評価結果を受けて、国立大学評価委員会が国立大学法人の、一つの機関としての総合的な評価を行い、実績評価をするという役割を持つことになり、その評価結果に基づいて資金配分をすることを、文科省は明言しています。

このことは、国立大学が評価を日常的な活動の中に組み込まざるを得ないことを意味しています。実際、大学によっては、教員に①教育、②研究、③管理運営、④社会貢献の四つの領域について1年間の活動の申告を求め、それに基づいて、たとえば予算配分等にめりはりをつけるところも出てきています。要するに、国立大学の内外ともに、直接的統制から評価による間接的な統制の方向に、動いているということです。

こうした形の間接的な統制が、大学の教育研究活動の活性化に本当に、役立つのかどうか、疑問がないわけではありません。プラン・ドゥ・シーはいいけれども、6年間の目標・計画を作って、文部科学大臣がそれを認め、それに従って教育研究活動を進めなければならない。しかも結果の評価も受けて、それによって予算が増減されるとなれば、これまで以上に、大学の自由が少なくなるのではないかと危惧する関係者もいます。実際に動き出してしばらくたってみないと分かりませんが、新しい法人化の仕組みにさまざまな問題が隠れていることは確かだと思います。

私立大学への影響

最後に、こうした国立大学の動きが他の大学、とくに私立大学の経営にどう影響するかですが、今までみてきた国立大学改革のかなりの部分は、私立大学ではすでに早くから導入してきたことだという意味では、今回の一連の改革は国立大学の「私学化（プライバタイゼーション）」と言えるかもしれません。また、こうした方向での改革は日本だけでなく、ヨーロッパの多くの国の国立大学でも起こっており、そのモデルになっているのはアメリカの大学ですから、「アメリカナイゼーション」と言うべきかもしれません。

百数十年にわたる日本の大学の歴史の中で、国立大学はつねに、すべての大学の目指すべき理想のモデルに想定されてきました。特に、かつての帝国大学に象徴される、教育と研究の統合された「学問の府」というイメージが強く、経営と教学が一体化した教授会自治の強い大学が、大学教員にとっての理想とされてきました。戦後、多くの国立大学や私立大学が設置され、発展してきましたがそうした大学も、基本的にはそのモデルを目指す方向で動いてきたとみていいでしょう。

それは別の言い方をすると、国公私立を問わず大学の経営マインドがこれまで弱かったことを意味しています。これまでのように学生募集が容易な時代であれば、別に経営努力をしなくても、毎年、断るほど進学希望者が押しかけ、授業料収入が増えていきましたから、私立大学の場合にも経営の問題はあまり考える必要がなかったかも知れません。しかし法人化を契機に、これまでモデル視されてきた国立大学が急激に変わり、経営の問題を真剣に考え始めました。このことは、少子化による学生獲得競争の激化とともに、これまで私立大学を成り立たせてきた組織やさまざまな慣行を見直し、変革していかなければいけないという改革の動きを、リアクションとして生むのではないかと思われます。

国立大学は今や全学的な、聖域なしの改革の中で、教職員の身分も含めて大きな変化が進行し、意識改革を否応なく迫られています。私立大学は、経営が安定している限りそういう問題は生じないのかも知れません。しかも、ここ数年来の生き残りをかけた競争の激化を考えれば、全学的な危機感を持って意識改革を図り、組織や管理の見直しをしなくてはならない大学が当然、増えてくるでしょう。

私立大学の学校法人会計についても、国立大学が企業会計に倣った新しい方式を導入するのに伴って、そのあり方を見直す動きがすでに出てきています。国立大学が変わるということは、私立大学にとっても無関係ではあり得ないわけです。

今後、国立大学はどこも、個性化の方向を目指していくと思われます。ある大学は研究重視で、COE予算をたくさん取って研究大学院の重点化の方向を目指すでしょうし、ある大学は専門職業人養成の充実をはかり、専門職大学院化を重視する方向を選ぶでしょう。また、2年前から文科省で「地域貢献支援特別事業」が始まって、全ての国立大学が県や特定の市との間で連絡協議会をつくることになりました。それを機に地域とのつながりの中で生きていくことを目指す大学も増えています。さらに、産官学連携やベンチャービジネスに乗り出す大学も、自前で企業を設立する大学も増えてくるでしょう。

このように、これからますます国立大学はおたがいに、さらには私立大学との間で競合関係を強めていくでしょう。また、地域社会との関係で言えば、都立大学の再編の例にみられるように、公立大学の間にも強い危機感が生まれてきています。国立大学や公立大学にそういう形で個性や、特定の機能を重視しようという動きが支配的になってくれば、私立大学はさらに個性的でなければならないわけで、ここでも当然、リアクションが生じてくると思われます。

大学改革が急進展する中で、私立大学を取り巻く環境が大きく変わってきていることは言うまでもありません。設置基準の緩和策をはじめ、「事前規制から事後チェックへ」を合言葉に、規制緩和がどんどん進められています。学部学科の再編や新設もなるべく自由にするために、これまで認可制であったものが、かなりの部分、届出制になりました。学校法人に限らず株式会社にも学校設置を認めようという動きまで出てきています。

また、これまで大都市部における大学の新増設は厳しくコントロールされてきましたが、国土交通省が工場等の立地規制を撤廃するのと同時に、文科省もこれを撤廃しました。加えて、校地・校舎面積と校地の自己保有比率も引き下げられましたから、新しく大学を作ることが容易になりました。大都市部のサテライトキャンパスについても、これまでは大学院だけでしたが、学部についても設置が可能になります。自前でなくても、借りた建物でもいいわけですから、競争がますます激しくなるでしょう。学生獲得競争は国公立との間だけでなくて、私立同士の間でも激しくなることが予想されるわけです。

それから、情報化が進む中で、高等教育について国境が次第になくなろうとしています。例えば文科省がアメリカの大学が日本にキャンパスを作ることを規制しているのは、貿易の自由化に違反するというので、WTOで問題になっています。それ以外にも、今やインターネットを通じて、簡単にアメリカの大学と日本にいる学習者とがやり取りできる状態になってきています。そういう中で、個々の大学を越えた知のネットワークづくりを、日本の大学も考えていかなければなりません。

こうした大きな変化が私立大学を取り巻く環境に起こってきていることも忘れてはならないと思います。

そうした意味でこれからの私立大学にとって、国立大学の改革は、これまでとは別の意味での新しいモデルになり得る部分を持っていると思われます。国立大学にとって、6年という期間の中で大学経営を、つまりプラン・ドゥ・シーを自分たちの力でやっていかなくてはならないというのは、まさに驚天動地のことで、どこまでうまくいくのか分かりません。しかし企業に代表される現代社会のさまざまな組織にとって、それは避けがたいことです。それは、国立大学にかぎらず、私立大学も公立大学も当然やらざるを得ないことなのです。それと同時に、合理性や効率性の追求も必要になります。さまざまな外国の先進的な事例を見ていくと、いかに外国の大学が経営体として、合理性や効率性の追求に熱心かがよく分かります。

日本の私立大学に、国立大学がそうした努力のモデルを見出せるかというと、そういう状態にはないというのが、残念ながら現実です。つまり、これまで長い間、国立大学をモデル視してきた私立大学にも、国立大学と同じような問題があるのではないか。私立大学にとって、まずは自分たちが持っているリソースの見直しと再配分の検討を進めることが必要不可欠でしょう。それは国・公立大学との差異化、個性化という問題にもつながってくるはずです。

18歳人口が急減していく中で、「生き残り競争」と言われるように、国公私を問わず、すべての大学にとって厳しい時代がやってきています。そこでは、国立大学も同様ですが、ますます大学の個性が重要性を持ってくるでしょう。日本の私学の多くは小規模の単科大学ですから、お互いに連帯することによって、生きていく道を模索するということも、これからは重要なポイントになってくると思います。

アメリカでは学生数の約3割、大学の数で言うと約7割が私学です。それだけ小規模の私立大学が多いということを意味しています。日本では学生数でも大学数でも私学が7割を超えています。小規模で個性的な私学をたくさん持っていることは、アメリカの高等教育の強味であり、それは日本の場合も同じだと思います。国立大学が大きく変わっていく中で、私立大学は一体どこに自分たちの強みを求めて発展を図っていくのか。法人化を契機とする国立大学の変化から、学ぶべきことは少なくないのではないか。それはあるいは国立大学の改革の成功からではなく、失敗から学ぶということになるのかもしれませんが。

4章　評価システムをつくる

ムチとにんじん

大学評価の問題が、日本でもようやく本格的な議論の対象になりはじめましたが、先頃にパリでOECDが主催するIMHEという団体の会合がありました。IMHEというのは「インスチチューショナル・マネジメント・オブ・ハイヤー・エデュケーション」、つまり高等教育・大学の管理運営の問題に関心と利害をもつ人たちの国際的な集まりです。加盟しているのは、各国の大学や大学の管理運営にかかわる政府機関です。全部で200~300人ほど集まったでしょうか。3日間にわたって報告を聞き、議論をするという会でした。

そこで大きな問題の一つになっていたのが評価の問題ですが、印象的だったのは何人もの報告者が、報告の標題に「スティック・アンド・キャロット」ということをうたっていた点です。つまり、「ムチとにんじん」、「ムチとアメ」です。報告者はほとんどが大学の教員で、評価をされる側がこの問題に、いかに強い関心を持っているかを痛感させられました。

いまわが国でも、国立大学の法人化と評価の問題がいろいろ議論されています。後ほど触れるように、そこでは予算の配分と評価を結びつけることの是非が問題になっているのですが、これはまさに「スティック・アンド・キャロット」の典型例です。評価の問題が日本でも少しずつ、大学関係者の間で問題になり始めているわけです。

それはともかくとして、２００2年8月に中央教育審議会の大学分科会から、「大学の質の保証に係る新しいシステムの構築について」という長いタイトルの答申が出されました。他に出された法科大学院や専門職大学院についての答申も合わせて、この三つの答申は、かなり大きな衝撃的な意味を、日本の高等教育全体にもっているのではないかと思うのですが、ここでは評価の問題に絞って話をさせていただきたいと思います。

事前規制から事後チェックへ

評価の問題が大学全体にとっての問題になりはじめたのは、政府の総合規制改革会議が「事前規制から事後チェックへ」というキャッチコピーのもとに、行政機関による規制全体の見直しを図る一環として、大学の設置認可行政を問題にしはじめたことに端を発しています。

ご承知のように大学の設置認可行政は、日本の場合、何よりも個別の大学・学部の設置の可否を決める役割を果たしています。しかし、それだけでなくもう一つの役割として、これは70年代後半からはじまった政府の高等教育計画を見ればわかりますが、高等教育システム全体を計画的に管理運営していく手段にもなってきました。例えば、大都市部では大学や学部の新設は認めないで、高等教育機会の地方分散化を図る。あるいは人材養成の観点から、特定の学部について新増設を奨励したり、規制したりする。これまで文部科学省の大学設置認可行政は、この二つの役割を背負ってきたのです。

その設置認可行政は、大学の水準や質の保証とも深い関係をもってきました。文部省は省令として大学設置基準を定め、それに基づいて設置認可の可否を判定する。こうした国家による大学の設置認可を、一般に「チャータリング」といいます。つまり、大学と呼ぶにふさわしい教育機関だという「お墨付き（チャーター）」をこの省令にもとづいて、国家が与えるわけです。そしてこれまで、いったん設置認可されたあとの大学に対する事後的なチェックは、事実上行われてきませんでした。国は事前規制はするが、事後チェックはしないというのが、これまでの質の保証システムの基本だったのです。

もちろん、文部科学省には大学に対する監督権限があります。監査権限というのは「アセスメント」ないし「オーディット」です。しかし、実際にはその監督ないし監査の権限を、文部省はこれまではほとんど行使してきませんでした。私立大学が問題を起こしたり、質の低下を招いても、それをどう監督するのかについては、はっきりした手続きを定めていなかったというのが、これまでの状況でした。

それでは、事後的な質の維持・保証の装置が、これまでまったくなかったのかといえば、そうではありません。というのは、そのための機関として、大学基準協会という団体が置かれてきたからです。第二次大戦後、アメリカ的な高等教育システムを日本に導入するという占領軍の強い意思のもとに一連の改革が進められましたが、その際に政府による設置認可の基準は可能な限り緩くし、その代わりに事後的な、大学が集まって自発的に相互に評価しあって質の向上を図るというアメリカ的な、「アクレディテーション」と呼ばれる方式を採用する方針が打ち出されました。つまり、従来からのチャータリング方式と、アメリカ的なアクレディテーションの二つの方式を並存させながら、質の維持・向上を図ることになったのです。

ところが、この二面的なシステムはあまりうまく機能しませんでした。なぜかといえば、一つには、国の事前規制、設置認可の基準が依然として厳しい。事実上、届出制に近いアメリカに比べると、はるかに大学設置の際に要求される基準が高いわけです。しばしば言われてきたことですが、日本の大学設置基準は、本来ならばミニマムであるはずが、マキシマムの基準として機能してきました。しかも、政府は事後チェックをほとんどしない。それもあって、基準協会のアクレディテーションをあらためて受けるメリットが、大学関係者から見ればほとんどなかったといってよいでしょう。

アメリカで、なぜ大学や専門分野別のたくさんの基準協会、アクレディテーション団体がつくられてきたかといえば、それが大学にとって、ある種の実利をともなっているからだという見方があります。どんな実利かといえば、アメリカでは大学は基準協会の基準認定を受けないと、連邦政府の研究費の補助対象にならないし、学生が連邦政府の奨学金の支給対象にならないということがあるわけです。もちろん、こうした制度が定着すれば、評価を受けない大学は、社会的に低くみられますから、大学としての社会的な評価や威信という点でも、評価を受けざるをえなくなります。そうしたメリットが日本のアクレディテーション制度の場合にはなかったというのが、この方式が発展しなかった大きな理由ではないかと思われます。大学基準協会の加盟大学数が大幅に増えることは、ごく最近までないままにきたわけです。

そうしたなかで先ほど触れたように、政府の総合規制改革会議の圧力もあって、規制緩和・構造改革がいわば「錦の御旗」になり、誰も反対できない、反対するのが難しい社会的あるいは政治的な大きな力となり、その一つのフォーカスが、文部科学省の大学設置認可行政に向けられてきたのです。

もちろん、文部省もそうした圧力に応える努力を、何もしてこなかったわけではありません。設置認可行政については大学側からも、さまざまな批判がありましたから、設置基準のうちまずソフト面での規制を緩和しようという努力が、90年代に入ってから本格的に始まりました。「大学教育の改善について」という大学審議会の答申が91年に出され、4年間の学部教育のカリキュラム編成が自由になる、学部・学科の設置が大幅に自由化される、学部や学位の名称が事実上自由化される、教員資格も緩んでくるといった改革が進められました。またハード面でも、例えば専任教員数や校地・校舎面積等について規制の緩和といいますか、基準を下げる努力がされてきました。

これまで質の維持を、事前規制に大きく頼ってきことはすでに述べたとおりですが、その事前規制を大幅に緩和するというのですから、当然その裏返しとして、事後的なチェックを厳しくする必要があるのではないかという声が、強くなってきます。大学設置基準の大綱化ともよばれる、91年の「大学教育の改善について」という大学審議会答申が出されたときに、大学審もそれを受けた文部省も、その事後チェック・システムの一端として、自己点検評価を各大学の「努力義務とする」という一項を、改定された設置基準のなかに書き込んでいます。その後99年には、さらに進めて自己点検評価を大学の「実施義務とする」ということになり、また第三者による外部評価を受けることが「努力義務」とされることになりました。そして、先頃の中教審大学分科会の答申で、第三者評価をすべての大学について「実施義務とする」ところまできたのです。

国立と私立

このように大学の教育研究活動の水準を評価しようというのは、どこの国でも進んでいる動きです。大学に対する規制を緩和して管理運営を自由化し、またそれがもたらすだろう大学間の競争に水準の向上を期待する。競争の手段として評価の制度を導入し、成果や実績の評価にもとづいて予算を配分する。まさに「スティック・アンド・キャロット」の世界にだんだん入ってきたわけです。

アクレディテーションという形で、私立大学を中心に評価の制度が早くから根づいてきたアメリカと違って、ヨーロッパは全体として国立大学の社会、言い換えればチャータリングの社会ですから、設置認可が厳しいというより、私立大学はごく最近まで皆無に近い状態でした。大学は国家が責任をもってチャーター（大学憲章）を付与してつくる。ただ高等教育のマス化が進み大学の数が増え、予算規模がふくれる中で、各大学の教育研究活動の水準をアセスし、評価をしてその結果に基づいて資金の配分をしようという動きが、これらの国にも広がってきました。日本でも、そうした世界的な動きに押されるように、評価の問題が大学の世界に入ってきたということです。

そうした動きの中で、国立大学は国民の税金でまかなわれている、国家・政府の大学ですから、率先して政府の政策に沿った改革を進めなければなりません。91年に自己点検評価が「努力義務」になるとすぐに、国立大学は自己点検評価報告書づくりをはじめ、短期間にすべての大学が公表するようになりました。実質的に「実施義務」と受け取られたわけです。さらに99年に、今度は外部評価が「努力義務」になると、次の年には大学評価・学位授与機構を設置して、国立大学は、教育研究活動について専門分野別の評価を受け、また社会貢献などテーマ別の評価も受けるところまできました。

それだけでなく、国立大学は２００４年春に一斉に法人化されましたが、それにともなって全大学が、文部科学省に設置される国立大学法人評価委員会の評価を、ひとつには中期目標・計画の期間である6年後に、またひとつには各年度の実績について、受けることになりました。その評価結果に基づいて、運営費交付金と呼ばれる各大学への資金配分額を増減する、というところまで改革が進んでいます。

こうした国立大学の評価システムは、私立大学主導で作られてきたアメリカのアクレディテーション制度よりも、事実上すべてが国立大学であるヨーロッパ、とくにイギリスの大学評価制度に近いといってよいでしょう。これまで、大学の評価システムについて、多くの関係者がアメリカの制度のすばらしさを言い、大学基準協会もアメリカのそれをモデルに作られ、運用されてきたのですが、日本で国立大学について実現したそれは、イギリスに似た制度であったという皮肉な話になりました。ただ、イギリス的な制度では、評価に基づく予算配分は研究にかかわる部分に限られていますし、大学と教育省・財務省との間に資金配分についてかなりの程度の自主性を認められた、HEFC（高等教育財政審議会）という団体が入っているという点で日本と違っていますから、日本的なシステムというべきかも知れませんが、いずれにしてもそうした評価システムが、国立大学を対象に導入されることになりました。

国立大学の話になりましたが、2002年8月の中教審大学分科会答申の画期性は、そうした評価のシステムを国立大学だけでなく、私立大学を含むすべての大学に押し広げ、実施を義務づけるものだという点にあります。それは日本の高等教育・大学が、まったく新しい時代を迎えるといってもおかしくないような、大改革だと思うのです。その答申文の概要は、ほぼ次のようなものです。

答申はまず第一に、設置認可基準の大幅な緩和と、それに代わる事後チェック・システムの導入を求めています。設置認可基準は、国公立大学よりもむしろ私立大学にとっての問題ですが、その設置認可基準を緩和するのと引き換えに、設置認可された後の大学の組織運営や教育研究活動などの状況を、定期的に評価する体制を整備するということです。

第二に、その評価は機関別と専門分野別の二つに分けて行う、とされています。

第三に、そのために設立される第三者評価機関の一部を、文部科学省が認定して「認証評価機関」という名前でよぶことにする。そして、国公私のすべての大学が、この認証評価機関による「機関別」の評価を受けることを義務づけられることになります。同時に、この「認証」された評価機関については、国の支援方策について検討する。支援方策の中身はまだはっきりしませんが、財政的な配慮が含意としてあると思われます。

第四に、専門分野別の認証評価は当面、専門職大学院としての法科大学院についてのみ実施することとされています。

このうちとくに重要と思われるのは、大学という教育研究機関の全体を評価する機関別評価について、それを各大学が自発的に受けることによって、教育研究の質の向上を図る責任を大学自身が持つというのでなく、すべての大学に義務づけている点です。

アメリカの支配的な評価システムであるアクレディテーション制度は、これまでも繰り返し指摘してきたように、ボランタリズムの精神に立っており、評価を受けるか受けないかはそれぞれの大学の自由に委ねられています。日本の大学基準協会も、アクレディテーション団体として、自発性を前提にしたボランタリズムの精神に則って設立された団体であることは、ご承知のとおりです。そのアクレディテーション団体としての大学基準協会が、新しい認証評価システムの中にどう位置づくのか、いま時点ではまだわかりませんが、それとは関係なく、ともかく文部科学省により「認証」された評価機関による評価を、すべての大学が義務づけられることになりました。

こうした形で、中教審大学分科会の答申はこれまでの事前規制、つまり文部科学省による大学設置認可を中心とした質の保証システムから事後チェック、認証評価機関による評価システムを通した質の維持向上へと、大きくハンドルを切ったわけです。本当に設置認可行政が、今回の改革によって、これまで以上に大幅に緩和されるのかどうかは、実際に設置認可の窓口にいってみなければわからない部分が多いのではないかと思います。しかし、「事前規制よりは事後チェックへ」と、文部科学省が大きく政策転換の舵を切ったことは確かです。

未経験の世界

そこで、いったいこの制度がどこまで期待通りに機能するのかというのが、次の問題です。それは蓋をあけて見なければわからないといってしまえばそれまでですが、私たちがこれから、ほとんど経験や蓄積のない世界に乗り出そうとしていることは、間違いありません。もちろん、こういう改革に伴う経験や蓄積の問題は、多かれ少なかれどこの国でも似たような状況にあります。ただ、アングロサクソン系の国、たとえばイギリスは最近になって評価制度を導入したようにみえますが、大学がお互いに教育や研究の水準を評価をしあう慣行は、すでに長い歴史をもっています。アメリカはそれ以上に、相互評価の長い歴史がある。

フランスやドイツのような、最近になってこうした制度を導入しはじめたヨーロッパの諸国のほうが、日本と同じような問題を抱えているようです。そのヨーロッパには評価について、ヨーロッパ全体についての話と、それぞれの国がどうするのかという話とがあります。第一の点について言えば、ヨーロッパ全体にアクレディテーション的な評価システムを導入しようという動きがあります。EUの域内で人の移動・学生の移動が自由になれば、当然、それぞれの国の間で学位のレベルやその基礎にある教育課程、単位認定の問題などが出てきます。それをどのように相互に比較可能な、統合的なものとして整理し保証していくのか。

例えば、ドイツの大学にはごく最近まで学士号の制度も、修士号の制度もありませんでしたが、グローバル化の波の中で、最近になってそれをつくらざるを得なくなりました。そうなれば、どうしても学士号とは、どの程度のカリキュラムの履修によって保証すべきものなのかが、議論の対象になってきます。EU域内で学生が大学間を自由に移動するためには、単位の認定についても同様の問題がでてきます。学位や単位というのは、言ってみれば一種の（大学の世界での）通貨のようなものです。ヨーロッパ文化圏が統一されて通貨がユーロに統一されたように、大学の世界でも、学位や単位の制度が統一の方向に向かわなければならない。それがヨーロッパ全体として、アクレディテーションの制度化を促進する役割を果たしているのではないかと思います。

日本は、そうした動きの外にあり、ある種孤立しているような状態にあるのかもしれません。しかし、やがて中国や台湾、韓国との間で同じような話が起こってくるのではないか。WTOで、高等教育の国際的なサービスの流動化、教育サービスの自由な交流の制限をなくそうという提案が、アメリカを中心にされていまして、日本や中国はそのあおりを受けて、この問題を議論せざるを得なくなっていますが、そうした問題とも関わりをもっているわけです。質の保証や質の維持という問題が、一国だけの問題だけではなくなってきているということです。

ところが、日本の現実を振り返ってみると、この評価の面での蓄積がいかに乏しいかを痛感せざるをえません。大学基準協会はすでに半世紀以上の歴史をもっていますが、日本の大学社会は、この自発的な評価のシステムを必ずしも大事にしてきませんでした。最近になって歴代の会長の努力で、大学基準協会は著しく活性化されましたが、それまで数十年にわたってその存在が、大学社会でほとんど見えない時代が続いてきました。中教審大学分科会での「新しい質の保証システム」関連の審議の過程でも、大学基準協会の存在を想定した議論よりも、新しくこれからどういう評価機関をつくるのかのほうが議論の中心になったというのも、そのことと関係しているのではないかと思います。

2000年に発足した国立の大学評価・学位授与機構も、今はまだ試行期間中で、さまざまな実験的な試みをしているところです。経験の蓄積はこれからに待たなければならない。しかも、発足してからまだ3年しかたっていないのに、国立大学の法人化に伴って文部科学省に「国立大学法人評価委員会」が置かれるとともに、大学評価・学位授与機構は教育研究面での評価を受託するという形で、ある種下請け的なところに位置づけられようとしています。国立大学の教育研究の活性化のための、アセスメントを行う機関として作られた評価機構が、大きく性格の変化を迫られるような事態がいま起こっているわけです。

学校教育法の改正による第三者評価の義務化という問題は、そうしたなかで起こってきました。評価を受けることを義務づけるといっても、大学にとってどんなメリットがあるのか、今の時点ではあまり見えない。見えているのは、各大学ともそのために大きなコストを負担しなければならないという点だけです。

もちろん、大学基準協会もアクレディテーションの実施に当たって、一定額の手数料をもらっていますが、とてもコストをカバーするような額ではありません。メンバー制をとって、会員から会費を徴収しているから成り立っているのであって、評価のための審査料だけではとても成り立たないような、評価を担当する大学関係者が実質的な負担を負うことで、ようやく実現しているような、その程度の審査料ではないかという感じがします。それぞれの大学も、評価に備えて準備する、自己点検評価を実施するとなれば、さらに多額の費用がかかります。国立大学は早くから自己点検評価を実施してきましたが、それにはお金だけではなくて、時間と労力というコストが多大にかかることがわかってきて、さまざまな自己反省が大学側から出ているというのが、現状です。こうした問題をどう解決していくのか、形而下的な問題といわれるかもしれませんが、そこからすでにさまざまな困難があることは、否みがたい事実です。

インフラの整備を

その問題は別にして、評価をこれから制度として定着させていくうえで重要なのは、いくつかのインフラストラクチャーとでもいうべきものの、整備ではないかと思います。それが日本にまだ存在しないとしたら、これからつくっていかなければならない。経験が不足しているというのは、そのようなインフラが整備されていないということでもあるからです。

そこで、いくつか挙げておきたいと思うのですが、その第一は自己点検評価のシステムです。国立大学が、91年の設置基準の大綱化以降、自己点検・評価を何年おきかに実施してきたことは、先ほどもふれたとおりで、たくさんの報告書が出ています。一つの大学だけでも、厚さ数センチの報告書が何冊も出ていて、集めたらたちまち棚がいっぱいになり、床に溢れるぐらいです。しかし、そうして努力して報告書を作成しても、それを役に立てる場がこれまで用意されていませんでした。私立大学と違って、国立大学には経営というものが存在しなかったからです。

企業経営ではプラン・ドゥ・シーのサイクルといわれますが、大学の自己点検・評価は、プランとドゥのあとにくるシーに当たります。しかし予算の単年度主義をとっている国立大学には、プランそのものが事実上、存在しませんでした。文部省から毎年、一定の基準にもとづいて配分されるお金を、年度末までにいかに使うか。次年度の新しい予算要求はどうするのか。なにが文部科学省によって認められ、認められないのかだけが重要な問題で、長期にわたるプランや展望が、少なくともこれまでは存在するわけではなかったのです。また、ドゥのほうも、大学にせよ、学部や各講座・研究室にせよ、配分された予算を年度末までにいかに使うかということにだけ関心があって、大学や部局全体としての経営を考えるという視点は存在しない。そういうところでは、いくら自己点検評価をしてみても、それだけでは十分に反省的なものになりません。報告書をつくってそれでお終いというのが、これまでの国立大学の実態であったと言っても言い過ぎではないでしょう。

私立大学の場合、自己点検評価報告書をつくっている大学がどのくらいあるのか。文部科学省の調査では、国立に比べてずっと少ないようです。経営の内容が、教職員全員が実態を知る程度まで公開されていて、きちんとプラン・ドゥ・シーのサイクルが確立されている私立大学も、これまでそれほど多くはなかったのではないか。

アメリカの大学で、「インスチチューショナル・スタディ」と呼ばれる、大学の経営体としての運営の現状を、絶えずチェックするための内部的な組織や慣行は、これまで日本の大学には国立大学はもちろん、私立大学にもつくられてきませんでした。これからは、新しい評価の時代の最も基礎的なインフラとして、その整備を図っていかなければならないのではないか。

二つ目の問題は、教職員、特に教員の意識です。評価をするということ、経営面は別にして教育研究活動の評価をするということは、大学教員という職業に就いている人たちにとって、教育や研究、あるいは社会サービスとならぶ重要な、もうひとつの本来的な役割だという認識が、日本の大学人の場合、十分ではないのではないか。

大学の教員のキャリアを考えてみると、最初は評価される側から始まります。入学試験を受ける、卒業論文を書く、大学院入試を受ける、修士論文を書く、博士学位論文を書く、学会誌に論文を投稿する、ずっと審査を受け評価をされる側です。それがある時期から、教員になるころから評価する側に移ります。学生の成績を評価する、提出された学位論文を審査する、学会誌の投稿論文を査読する、というように。

こうして、評価される側から評価する側に移ると、大学教員の多くは、改めて評価されることを嫌うようになります。たとえば学問領域によって違うでしょうが、人文社会系の領域などでは、学会誌に投稿するのは若い世代の研究者ばかりで、古い世代の人たちは評価されることが嫌なのでしょう、ほとんど投稿しない。きびしい評価の時代を経て、ようやく評価される側からする側になったのだから、もうあまり評価されたくないということなのかも知れません。

しかし、今始まろうとしている評価の制度は、そうした功成り名遂げた人たちを含めて、大学組織のなかに、あるいは教育研究活動のなかに、評価をいわばビルトインしようとするものです。それだけではありません。評価のシステムが大学の外側にも広がりをもつようになれば、大学の教員は否応なくさまざまな形で、大学や研究者の評価の制度やプロセスに関わることを求められます。評価をすると同時に評価される、評価されると同時に評価するという関係が、これまで以上に大きな広がりをもっていかざるを得ない。そうしたなかで、大学の教員は、自分の教育研究活動についての点検評価を、絶えずしていかなければならなくなるでしょう。また、評価のシステムに関わって評価者の役割を果たすということは、評価者がその評価結果について、評価される関係に立つことでもあるのだという認識を、これからの大学人は持っていかなければならないでしょう。

評価・権威・信頼

三つ目の問題は、信頼感の問題です。今の制度設計によれば大学評価は、文部科学省が「認証」する第三者評価機関が行うことになっています。これが評価のもっとも具体的で重要なインフラですが、その評価機関の候補として、いまあるのは大学基準協会と大学評価・学位授与機構の二つです。これから新たにどのような機関がつくられるのか、私立大学協会や私立短大協会も評価団体の設置を検討していますが、いずれにしても、こうした評価機関の実施する評価に対する信頼感がなければ、評価制度は定着し、機能していかないでしょう。

その評価者に対する信頼の問題について、二つの場合があるだろうと思います。

一つは評価者の「権威」を認めるというものです。たとえばノーベル賞の受賞者が評価するのだから、当代の碩学が評価するのだから当然だと考えるのが、権威に対する信頼です。二つ目は「権限」です。その機関が評価の権限を付与されているのは正当で、しかもその権限を行使するにふさわしい専門性をもっていることを認め、納得をするということです。この場合にも信頼感が生まれるでしょう。しかし、その信頼感がなければ、たとえば評価団体が事実上、官僚によって支配されているとか、学会のボスが評価者の地位や人事を独占しているというのであれば、信頼を得るのは難しいでしょう。いずれにしても、評価システムが適切に機能していく最大の前提になるのは、評価機関と評価者の権威と権限に対する信頼感です。それを本当に確立できるのでしょうか。

「21世紀COE」とよばれる、新しい評価・競争型の研究プロジェクトに対する応募の審査結果が公表されたとき、マスコミがその審査結果をどう評価をするのか、興味をもってみていましたが、その一つのパターンは、ある種の陰謀説でした。東大と京大の数が同数、慶応、早稲田も同数、しかも私立は国立の半分程度というのは、審査員や文部科学省がある配慮を働かせたからではないのか。あるいは、予想外の大学がパスしているのは、バランスをとるためにアメをしゃぶらせたのではないか、などというのがそれです。

真偽のほどを確かめようのない、そうした根拠のはっきりしない議論がまかり通る。つまり評価の過程に関する不信感や陰謀説がある限り、評価のシステムは、期待されたようには機能していきません。ボランタリズムの精神の重要性は、そこにもあるのです。自分たちが、自分たちのために立ち上げた評価システムであれば、それを疑うことは自滅的な行為です。ところが、いまつくられようとしている日本の評価システムは、大学が自分たちで望んだものではなく、いわば国家によって、外から制度として与えられようとしているものです。それがどこまで高い権威を持ちうるのか、また専門性にもとづく権限を確立しうるのか、まだまったくわかっていません。国の要請でつくられ、国による

「認証」を受けなければならない評価機構が、権力的な機構ではないのだということを証明し、評価される側の信頼を得るまでには、長い時間がかかるかもしれません。いずれにしても、信頼感というインフラの整備は、最重要の課題だと思います。

最後にいま述べた点とも関連して、結局もっとも望ましいのは、一言で言えば「大学の、大学人による大学のための評価」です。それは決して、お手盛りの評価ということではありません。大学という12世紀以来の長い歴史を持つ、自治と学問の自由を社会から認められてきた組織体の活性化にとって、それがもっともふさわしい評価のあり方だと思われるからです。その意味で、文部科学省あるいは政府の介入は、可能な限り少ないほうがいい。設置基準行政という直接的な政府のコントロールは緩和されたが、それに代わって間接的でソフトではあるが、依然として政府による強いコントロールが続くというのでは、大きな改善にはならないでしょう。質の維持向上や教育研究活動の活性化を、政府が直接的な規制の形で行うのをやめるというのであれば、その肩代わりは大学自身が自律的にしていかなければならない。大学自身が自律的に努力するということは、具体的に言えば、大学の教員を中心とした大学人が中心になって評価の仕組みを運営していくということです。

世界的にみても高等教育・大学の世界は、これからますます評価にさらされるようになっていくと思われます。その評価の主体は誰なのか。国立大学についても私立大学についても、政府が一定の役割を果たすことは避けられないでしょう。しかし、その政府の評価が間接的ではあれ、コントロールの強化をめざすものであれば、それは教育研究を活性化するよりも、妨げる方向に働くことになるでしょう。

大学人の手で、大学人による大学のための評価システムをどう構築していくのか。その責任は誰よりも大学と大学人自身にあることを、あらためて確認しておく必要があると思います。

5章　専門職大学院の衝撃

２００４年の春に、68校の法科大学院が一斉に発足することになりました。それが日本の高等教育や大学、あるいは大学院制度全体にどのような意味を持っているか、なぜそれを「衝撃」などと大げさな言葉で問題にするのかを、ここでは考えてみたいと思います。

法科大学院と専門職大学院

よく知られているように、法科大学院の構想は大学改革ではなく、司法制度改革の一環として出てきたものです。しかし、法科大学院も「大学院」の一種ですから当然、現行の大学院制度とその構想とを、どのようにすり合わせるのかという問題が生じます。法曹の養成を専門とする3年制の独立大学院を開設するという構想を、これまでの大学院制度との関係でどう位置づけたらよいのかという問題です。

大学院制度の改革については、1998年の大学審答申にもとづいて、2000年にすでに「専門大学院」制度が発足し、一般大学院と専門大学院の2本立てになっていました。その専門大学院は、ビジネス系の現代的な専門職業人を養成することに主な狙いがあり、たとえば一橋大学大学院の国際企業戦略研究科など、いくつかの研究科が設置されてきました。

ところが、法科大学院が目指しているのは、そうした新しいタイプの専門職業人ではなく、法律家という、いわば最も伝統的な専門職業人の養成ですから、構想の中には「専門大学院」制度の枠では対応しきれない部分が含まれています。そこで、あらためて法科大学院をも包摂するような、新しい大学院制度を構想することが必要だということで、中教審大学分科会で議論の末、2002年8月に答申「大学院における高度専門職業人養成について」が出され、「専門大学院」制度は「専門職大学院」制度へと、いわば発展的解消を遂げることになったわけです。

その「専門職大学院」については、答申に職業分野が例示されていますが、それによるとまず経営管理、公衆衛生、医療経営など、「専門大学院」制度のもとですでにあげられていた分野があり、それに新たに法務、知的財産、公共政策、技術経営などが加えられています。法曹と並んで歴史の古い医療系や技術系の職業群があげられていないというのは、留意されるべきひとつの点ではないかと思います。

つまり、「専門職大学院」の具体的な分野は、一般に「専門的職業（プロフェッション）」「専門職」というカテゴリーで呼ばれているそれとは、著しく異質な職業群からなるものとされているのです。

医学、歯学、薬学、獣医学など歴史の古い、しかも社会的に認知されている専門職業群も、工学、農学などの各種の技術者群も、いまの時点では「専門職大学院」での教育対象分野として想定されていません。「専門職大学院」は英語で訳せばprofessional schoolということでしょうが、医学系・法学系がコアになって発展してきたアメリカのprofessional schoolとは似て非なる「専門職」大学院制度が、誕生することになったわけです。

大学院と学部の関係

数のうえでも少ない、ほかの専門職大学院の問題はひとまずおくとして、法科大学院についての最大の問題は他の大学院、「一般大学院」（とここでは呼んでおきたいと思います）との関係にあります。一般大学院については、90年代に入る頃から文部省（現文部科学省）は積極的な規模拡大政策をとってきました。国際的な比較によれば、人口比で見た日本の大学院在学者の比率は著しく低い水準にあります。その水準を高めるため、院生数を倍増する必要があるというので、拡大路線がとられてきたのですが、その拡大の主たる狙いはそれ以前と同様に理工系に置かれると同時に、90年代に特徴的な点として、人文社会系についても大学院の入学者数の増加がはかられました。その結果、一般大学院の果たす役割が多様化し、変化し始めたのです。

大学院の目的はもともと、研究者養成と職業人養成の二つにあるとされてきました。特に修士課程には、職業人養成の機能が強く期待されてきたわけです。ところが、規模の拡大とともに専門職業人養成の部分が肥大しただけでなく、研究者養成とはどう見てもいえない、性格の曖昧な、いわば「高度専門教育」とでも呼ぶべき大学院の機能の方も大きくなってきました。研究者になるつもりはないけれども、もうすこし専門的な勉強をしたいという、教養主義的ないし高度補習教育的な学生のニーズに、大学院が応えなければならなくなってきたのです。それは、一般大学院全体の傾向といってもいいかと思いますが、とくに人文社会系でその傾向が著しく見られるようになりました。

一般大学院としての法学研究科の実態が、いまどのようなものか、十分な知識は持ち合わせてはいませんが、数だけで言えば、73の法学研究科があって、入学定員が合計で約3千人となっています。実際に、その定員を満たしているかどうかは別として、この入学定員3千人の法学研究科についても、その主要な機能はどこにあるのか――研究者養成なのか、職業人養成なのか、それとも高度専門教育なのかが問われなければならない状態が、すでに生じつつあったとみてよいでしょう。

人文社会系だけではありません。一般大学院の中で、入学者の圧倒的多数（約4割）を占めているのは工学系研究科ですが、その工学系修士課程の主要な役割はどこにあるのか。研究者だけを養成しているわけでは、もちろんないでしょう。実体としてなによりも専門職業人を養成しているのですから、実態はまさに「専門職大学院」だといってよいと思います。ところが、その工学系大学院は、制度的には、その枠外に置かれたままになっています。それだけでなく、人文系の大学院修士課程の中にも教育系のように、教員養成を主たる目的にしているところもあれば、社会科学系では経営学や会計学など、ビジネス系の専門職業人養成に特化した研究科も作られています。一般大学院の役割だけでなく構造にも、著しく混乱した状態が生じているわけです。

そうした混乱した状況の中に、今度は「専門職大学院」の制度が生まれ、多数の法科大学院が登場してきました。もちろん、一般大学院としての「法学」大学院は事実上、そのまま残されているわけですが、それと専門職大学院としての「法科」大学院との関係をどうするのか。このきわめて基本的な、重要な問題については、大学分科会の審議過程でも十分に検討が尽くされたとはいいがたいのです。司法制度改革の一環として、法科大学院制度を創設することが、既定の前提になっていて、「法学」大学院を含む一般大学院との関係をどうするのか議論がされないまま、「法科」大学院構想にあわせて専門職大学院の制度化がはかられることになった、というのが実状といってよいでしょう。

なによりも法曹と並んで歴史の古い、もうひとつの代表的な専門的職業である医師の養成が、「専門職大学院」の外で、しかも学部段階で行われているという奇妙な状態を、どう考えたらよいのか。問題は残されたままなのです。

法科大学院の問題は、第二に、当然のことながら学部教育のあり方とも深い係わりをもっています。進学率が18歳人口比で50％近くになるという、高等教育のユニバーサル段階を迎えるとともに、学部教育のあり方をどうするのかは、これまで大きな議論の対象とされてきました。中教審大学分科会の前身である大学審議会は、1998年に「21世紀の大学像について」という答申を出していますが、この答申には、学部段階ではこれからは専門教育よりも専門基礎教育、あるいは教養教育を重視すべきだということが書かれています。しかし、それでは「専門教育」と「専門基礎教育」とはどう違うのか、教養教育とは具体的に何なのか、これまでの一般教育とどこが違うのか、さらには、学部段階で現に行われている「専門職業教育」をどう考えたらいいのかといった議論は、この答申でも、その後の審議の中でも、十分に尽くされないまま現在に至っているわけです。

たとえば医学部、歯学部では、6年制の専門職業教育を行っていますが、これはいうまでもなく学部段階の教育です。工学教育は、4年間の学部教育の上に2年制の修士課程で専門職業教育が行われており、最近では学部卒の約3割、国立の主要大学では8割、9割に近い人たちが大学院に進学するようになっています。しかしその工学系の場合も、学部と修士課程の専門職業教育の関係をどうするのか、大学によっては検討がされているのでしょうが、本格的な議論が展開されているようには見えません。修士課程と学士課程のカリキュラムを、それぞれ完結的にどう編成するのかという議論がないままに、大学院の拡充が進んできたというのが実態ではないでしょうか。

このように、学部教育と大学院教育の関係が不明確な状況の中で、新たに従来の法学部とも「法学」大学院ともまったく異なるものとして、法科大学院が出現するわけです。その制度設計によれば、一般学部卒には入学後3年間の、法学既習者には2年間の専門職業教育を行うことになっています。どちらが多数をしめるのか、大学によって違いはありますが、主要大学は2年制の法学部卒業者を入れるコースを主力にしています。とすれば当然、法学部とは、学部段階の法学教育とは何なのかが問題にならざるを得ません。現在107の大学に法学部があり、そこに合計約4万人の入学定員を持ち、実質上はこれを上回る数の入学者・卒業者がいます。その法学部における法学教育と、新しく開設される法科大学院での法学教育との関係をどうするのか。法学関係者の間では議論が進んでいるのかもしれませんが、社会的にはもちろん、大学関係者にもほとんど聞こえてきません。専門学部制をとり、専門教育を重視している現行の学部教育と、大学院での専門教育・専門職業教育との関係をどうするのかは、日本の大学全体の問題ですが、法学教育の場合、法科大学院が出現したことによって、この問題がとりわけ先鋭な形で問われなければならない事態になっている、といってよいでしょう。

混乱する学位制度

第三は、学位制度の問題です。専門職大学院は修了者に、一般大学院とは異なる「専門職学位」を授与することになっています。現在の学位では、たとえば「博士（法学）」のように、まず博士や修士の称号があり、その後に括弧書きで専門領域を書く仕組みになっています。学士も、学士の称号の次に、専門分野名を括弧で書くことになっていまして、どのような専門分野名にするかは、各大学の自由とされていますので、その種類は500近くに上っています。仮に英語に訳すとしたらどうするのか分からないだけではなく、日本語でも、ちょっと見ただけではなにを専門教育として学んだのか、内容の分からないような分野名称が書き込まれているのが実情です。

これに対して、「専門職学位」については、一般の学位と区別する必要があるという理由から、その頭に専門分野の名称を書くことになりました。法科大学院の場合で言えば「博士（法務）」ではなくて、「法務博士」と表記することになったのです。しかも、専門職学位を取得するためには、学位論文を執筆して審査を受ける必要はなく、単位履修のみでよいことになっています。「専門大学院」の場合には、これまで研究指導があり、論文提出もあったのですが、「専門職大学院」に移行すれば、ビジネス系の場合にもその必要はなくなります。

これは学位制度の一大変革で当然、一般の学位制度との関係が問題となってきます。専門職学位と区別される一般の学位は、一体何なのか。専門職学位とは違うのだから、学術学位ということになるのか。たとえば工学部卒業者は先に触れたように、大量に大学院に進学して修士号を取得しますが、この修士（工学）は学術学位なのか、それとも専門職学位なのか。また、医学部は、最も多数の博士号を授与している学問領域ですが、博士（医学）というのはすべてが学術博士なのか、それとも隠れた専門職学位なのか。さまざまな疑問が生じます。

最も違和感があるのは、6年制の医学部の卒業者は学士であるのに、4年制の法学部を卒業して、その後2年間法科大学院で教育を受けると、法務博士になるという点です。一方は6年の教育課程で学士、他方は同じ6年で博士という、二つの全く異なる学位の制度が日本にはできようとしているわけです。法律家と医師というのは、どこの国でも最も伝統的な、威信の高い専門的職業として、社会的に認知されているのですが、その2大専門職の学位がこのように異なることを、どう説明したらよいのでしょうか。

それだけではありません。少し古いのですが、1998年度の博士学位の授与数を見ますと、次のようになっています。

工学系	課程	2684	論文	1250
医学系	課程	3580	論文	3511
社会科学系	課程	308	論文	198

工学系では、従来は論文博士の方が多かったのですが、次第に課程博士が多くなってきました。医学系はほぼ同数です。社会科学系は全部を合わせても、自然科学系とは一桁違う数字になっています。

そこに、今度は法科大学院の卒業生が「法務博士」という名前で加わることになるわけです。今考えられているのは、毎年約3千人の司法試験合格者を出す、しかも合格率を7割か8割程度にしようというのが、最初の構想でしたが、実際の入学定員からすると、これから毎年少なくとも5千人前後の「法務博士」が産出されることになります。学位論文を書かなくても、課程修了だけで博士学位をもらえる、つまり2年ないし3年間在学して単位を修得すれば、自動的に法務博士になれる。社会科学系でわずか年間500くらいしか博士号が授与されないところに、その10倍もの「法務博士」号を持った人たちが出現することになる。この人たちは学位論文を書いていないだけでなく、そのなかには司法試験に合格しない、つまり法律家になれない人たちも含まれることになるでしょう。

学位制度が二本立てになったために、同じ博士の称号をもっていますが、しかし異質な集団がうまれるわけです。しかも、法科大学院の卒業者以外の人たちにも、司法試験の受験の道を残すことになっていますから、「法務博士」号を持たない法律家もいれば、「博士(法学)」号を持つ法律家もいるという、混乱を懸念しなければならない状況が生じようとしているのです。

大学の組織と評価システム

第四に、大学組織の問題があります。専門職大学院は独立大学院、あるいは独立研究科として設置することになっていますが、組織として、一般大学院や学部との関係抜きに考えることができないのは、すでに見てきたとおりです。これまでの学部や大学院とは別に、法科大学院という新しい組織を作るのだから、問題はないと思われるかもしれませんが、必ずしもそうではありません。教員組織はどうするのか、教育課程の編成は、学生の所属は、他の研究科との関係は、などなど、さまざまな問題が考えられます。

法科大学院は本来、独立の研究科として、つまり一定数の専任教員を持ち、独立の教育課程を編成し、独自の入学者選抜方法のもと、別枠の入学定員、授業料を持つものとして構想されました。しかし実際には、たとえば東京大学では、従来からある法学研究科の中に新しい専攻を設ける形で、法科大学院が作られます。完全に独立の大学院を設置した大学もありますが、国立大学の多くは、東京大学と同様の形をとっています。つまり、一般の法学大学院にいわば「間借り」する形で法科大学院、というより実務的な法学教育を行うコースが、新設されることになるわけです。

このように法学研究科内の専攻の形をとる場合、教員組織はどうするのか、独立の教員組織が要求されていますが、教授会はどのように構成されるのか、予算はどうなるのか、給与の問題をどうするのか、といった問題が生じることになります。教員が同一の集団に所属していながら、違った扱いを受けるとか、学生たちも違った扱いを受けるという問題がでてくるのではないか。実務家教員など、新しいタイプと雇用形態の教員を雇用せざるを得ないという問題もあります。既存の大学院の中に「間借り」する形で専攻を作ると、そうしたさまざまな難しい問題を生ずるのではないかと、危惧されます。もちろん、問題解決のための、さまざまな工夫が凝らされているのでしょうが、アメリカで学部や他の組織から独立した、大学の自立的な構成単位になっているプロフェッショナル・スクールが、日本の法科大学院制度では、それとは違った形で作られようとしているわけです。

このように、一般大学院と似通った分野の独立研究科が、専門職大学院として設置される場合に生じるだろうさまざまな問題は、ビジネス系の他の専門職大学院にも共通しているのではないか、と思われます。いずれにしても、大学組織との関係でみた場合、法科大学院と一般大学院の関係は、これからの大学にとって重要な問題のひとつになると思われます。

第五の問題は、評価制度です。2002年の中教審大学分科会答申にもとづいて文部科学省は学校教育法を改正し、すべての大学に、大学としての教育研究基盤や活動について、第三者の総合的な評価(機関評価)を受けることを義務づけることになりました。専門分野別の評価制度の導入も求められていますが、当面、準備不足等の理由から先送りされることになっています。ただその唯一の例外が、専門職大学院としての法科大学院で、第三者、それも認証評価機関による専門分野別評価を受けなければならないことが、法律によって決められています。ビジネス系の専門職大学院もすでにあるわけですが、これについては認証評価の義務づけはありませんから、法科大学院だけが特別扱いされることになります。法曹と並ぶ伝統的専門職である医学部、医学教育についても、第三者評価の実施は考えられていませんから、なぜ法科大学院に限って評価が重要不可欠だというのか、考えてみるべき問題の一つではないかと思います。

実際に、その評価を誰がやるのか。これについては、大学評価・学位授与機構や大学基準協会、さらに弁護士団体も手をあげています。最近の新聞報道によれば、その評価の実施に必要なコストをどうするのか、一つの法科大学院を評価するのに数百万の費用がかかるとされていますが、誰がそれを負担するのか、といったことも問題になっています。いずれにせよ、法科大学院の評価システムは、これから立ち上げられるだろう他の専門分野別の評価システムの重要な先例、ないしモデルになることでしょう。法学関係者は、そのことも十分に考慮にいれて、評価のシステム作りを進めてほしいと思います。

入学者選抜制度と授業料問題

第六の問題は、入学者選抜制度です。大学院入試は現在、各大学の自由に委ねられていますので、時期はもちろん方法的にもきわめて多様な形で行われています。学部段階の入試とは違って、どのような入試問題や選抜方法によって、どの時期に入学者が選抜されているのか、十分な公開情報もないまま、いわば無秩序状態になっているわけです。批判がなく、問題が起きないのが不思議な状況にあるといってもよいでしょう。

そうした現状のなかで、法科大学院についてだけ、一種の適性試験制度が導入されることになりました。新たに出発する法科大学院については、無秩序状態をやめて秩序化を図ろうということなのでしょう。アメリカでも、ロー・スクールの場合にはLSATというように、スクールの分野別の適性テスト的な試験制度が確立しているようですが、日本でもそれにならおうというのは大きな進歩だと思います。大学入試センターともうひとつのテスト機関がすでに発足し、テストが実施されています。この種のテストの経験や蓄積は、わが国ではこれまでないに等しかったわけですし、大学や大学院の入試以上に、客観性や公平性が要求される試験です。法学関係者はこの問題についても、他の専門職大学院、あるいは一般大学院の入学者選抜方法の改善につながる方向で、慎重にこの問題に取り組む必要があるでしょう。

入学者の選抜についてはまた、2年制コースをめざす法学既習者の場合、別途各大学が法律科目の試験を行うことになっています。個別大学の試験となれば、せっかく統一適性テストの制度を導入したのに、入学基準が大学によって異なってくることが予想されます。また、試験の内容や方法によっては学部段階の法学教育が、法科大学院2年制コースの受験準備教育化する危険性も、十分に考えられます。さらにいえば、法学部卒業者を入れる2年制のコースが、法科大学院の主流になりかねない中で、法律の専門科目による選抜試験を実施することで、それ自体が今回の改革の一つの狙いであった予備校の存続を許し、ひいては学部段階の法学教育を大きく歪める危険性もあるでしょう。

そう考えると、2年制、3年制の区別は、予想以上に深刻な問題をもたらすかもしれません。たとえば東京大学の場合、2年制の方が3年制より入学定員が多くなっていますが、法学部卒業者を入れる2年制の方がエリートコース視されれば、当然のことながら2年制と3年制の差別化が生ずるでしょう。2年制コースの中でも、難関校とそうでないところが生じ、そこからさまざまな問題が出てくるおそれがあります。ある大学院では修了者の8割が司法試験に合格するが、他の大学院では2割か3割程度ということもあるでしょう。同じ大学院の中でも2年制と3年制とで合格率に大きな差ができることも、当然ありうることです。入試の問題は、一見考えられている以上に、法科大学院の将来を左右する重要な問題になるのではないでしょうか。

最後は、授業料の問題です。法科大学院を、独立採算で運営しようとすれば、高額の授業料を徴収することが必要になります。これまで多くの私立総合大学で学部の間に授業料の格差があり、たとえば医学部のような少人数でコストの高い学部に対しては、経済学部のような授業料は安くても学生数の多い、したがって授業料収入の多い学部から、一種の内部補助が行われてきました。つまり、多くの学生がいて収益をあげられる学部の収入を、費用がかかるのに多額の授業料を取れない学部にまわすという形で経営されてきたわけです。たとえば慶應義塾大学の医学部の授業料は、他の私立医大にくらべて低く抑えられていますが、それは今触れたような内部補助によって可能になっているとみるべきでしょう。

法科大学院の場合にはどうなるのでしょうか。学部の寄生的な存在であるおおかたの既存の一般大学院と違って、かなりの数の専任教員を持ち、少人数教育を重視するほうが大学院のコストは、高くならざるを得ないでしょう。授業料を低く抑えるため、ここでもそのような内部補助が行われることになるのでしょうか。この場合の内部補助は、おそらくは法学部の収入を法科大学院にふり向ける形になるでしょう。それが可能になるためには双方の間で合意が必要ですが、それ以前に、大きな規模の法学部をもっていることが不可欠の条件となります。それなしで、法科大学院だけで独立採算を成り立たせようとすれば、かなり高額の授業料を徴収しなければならない。

これは私学だけの問題ではありません。国立大学も法人化され、授業料を一定の幅の中で、自由に徴収できることになっています。法科大学院の場合、この幅の問題を含めて、授業料はどのように設定されるのか。国立では現行の大学院授業料よりも高い80万円、私学の場合には、文部科学省からの特別助成を前提に140万円前後になっていますが、大学間の競争を考えれば、国立も私立並に引き上げるべきだ、もっと高い授業料を徴収すべきだ、といった意見が強くなることも予想されます。

それはこれまで国立大学が、あるいは文部科学省が必死になって避けてきた、学部別授業料問題とも深く関わる問題です。国立大学の場合、コストが学部ごとに違うのに一律の授業料ではおかしいという議論が、十数年前から繰り返し出されてきました。今回、法人化によって授業料設定がある程度自由になるという状況のなかで、法科大学院の授業料の設定は、法学部や他の学部・大学院の授業料にも大きく影響してきます。

この問題はさらに、奨学金問題とも絡んでいます。授業料が高くなるのなら、法科大学院の学生には奨学金を出せばいいという議論がすでに出ていますが、奨学金を支給すること自体は歓迎すべきことだと思います。しかしそこからは、奨学金制度の上でなぜ法科大学院の学生だけを特別に扱うのかという問題がでてきます。たとえば医学部については、とくに私立の医科大学の場合、1千万円近い、多額の授業料を取る大学もあることはよく知られています。にもかかわらず、これまで医学部の学生に奨学金制度上の特例は認めて来ませんでした。これまでいわれてきた学費の受益者負担論からすれば、卒業後に高額の収入が期待されるという点で、法科大学院も医学部も変りありません。法科大学院だけなぜ特例を認めるのか、きちんとした議論が必要でしょう。

授業料の問題には、単純に奨学金制度で対応できるというものではありません。法科大学院の設置が、決して法科大学院だけの問題にとどまらない、さまざまな「二次効果」を生むと予想されることは、これまで再三指摘してきたとおりですが、それは授業料や奨学金の問題についても、同様なのです。

特例か一般化か

このように、法科大学院が発足することによって、いま、日本の大学院あるいは大学の改革全体につながるさまざまな問題が表面化しようとしています。法科大学院という入口から出発して、そこからさまざまのところに問題が波及していくことが予想されるわけです。ところが、その法科大学院構想は残念ながら、大学・大学院制度全体をどうするかという広い視野から、検討され議論されたものでは必ずしもありません。司法制度の全体的な改革のなかで、まったく新しい形態の法科大学院を設置することがまず決まり、それに応じる形で、中教審大学分科会で専門職大学院の制度化構想が打ち出されたものです。その影響が、大学や大学院制度全般に及ぼうとしているのであり、改革全体との整合性が真正面から検討されてきたわけではないのです。これまでみてきたように、これからすり合わせの必要な問題がたくさん残されていますし、それらの検討には相当の時間が必要ではないかと思われます。

根本的に重要なのは、日本の大学・大学院制度の現状や将来像の中に、司法制度改革の中から理想的なものとして提案されてきた法科大学院を、どう位置づけていくのか。とりわけそれは、これまでもっぱら学部段階で行われてきた専門職業人の養成を、「専門職大学院」という新しい制度の枠の中に、どう移していくのかという問題と深くかかわっています。そうした問題の本格的な議論を避けたまま、法科大学院だけが突出した形で設置され、制度化されつつある現状は決して好ましいものとはいえないでしょう。

これまでも触れてきたように、法律家は最も伝統的な、しかも大学の起源と直接かかわる専門的職業の一つです。もう一つの伝統的な専門的職業である医師の場合も同様です。その二つの「伝統的専門職」が、これまでわが国では、大学院における専門職業教育の対象とされて来ませんでした。法曹の養成については、それが大学の法学教育の使命として認識されていたかどうかさえ疑わしい、というのが現状です。そうしたなかで、法律家の養成の場だけが突出する形で、大学院レベルのプロフェッショナル・スクールに移されることになりました。

それが医師の養成システムにどういう影響を及ぼすのか、医学関係者がこの問題にどのような反応を見せるのか。今のところ不思議なほど、何の声も聞こえて来ません。伝統的専門職の、もう一方の代表である医師を養成する医学部は、メディカル・スクールという形でのプロフェッショナル・スクール化、あるいは専門職大学院化を、どうして目指さないのか。今後、必ずそういう問題が生じてくると考えるべきでしょう。

最も現代的な専門職（といっても「プロフェッション」といえるかどうか疑わしい）は、MBAに代表されるビジネス系の専門職です。今回、そのビジネス系の大学院も、「専門職大学院」の一部として位置づけられることになりました。それを医師や法曹のような「伝統的専門職」との対比で「現代的専門職」と呼ぶとすれば、その中間に位置する「近代的専門職」の代表は工学・農学系の技術者ということになるでしょう。その技術者の養成はこれまでどおり一般大学院の枠内にとどめられています。ビジネス系の「現代的専門職」の場合にも、一般大学院の枠内でMBAタイプの教育が行われており、数の上ではこちらの方が多数を占めているのが現状です。

このように、最も「現代的」なビジネス系の新しいタイプの大学院と、「伝統的」専門職養成の法科大学院だけが、専門職大学院のカテゴリーの中に入れられ、しかも医学系・工学系は排除される形になっているというのは、どう見ても論理的な整合性のない状態ではないでしょうか。大学院制度の再編が、日本の専門職業教育全体をどうするのかという根本的な問いと関係のないままに、その外側で構想された法科大学院の圧力に揺さぶられる形で、部分的・局所的な改革が進んでいる、というのが現状ではないかと思うのです。

日本の大学改革、特に大学院制度の改革は、アメリカをモデルにしてきたとされています。しかし、少なくともこれまで、わが国の大学院改革は、アメリカの大学院制度とは、似て非なる方向で進められているといわざるを得ません。よく知られているように、アメリカの大学院制度のもとでは、大学教員・研究者養成のためのグラデュエート・スクールと、専門職業人養成のためのプロフェッショナル・スクールとは、明確に区別されています。しかも学部段階は、日本のような専門学部制をとらず、単一のカレッジが置かれているだけで、専門的な職業教育は大学院レベルのプロフェッショナル・スクールにゆだねることになっています。工学系のように、専門職業教育が学部段階から始まる分野もありますが、学部教育の基本は教養教育や一般教育にあるわけで、日本のように、卒業生の大半が大学院に進学する一流大学でも、学部段階がすべて専門学部からなっているというのとは構造的に大きく異なっています。

アメリカのロー・スクールもメディカル・スクールも、そうした学部教育を前提として、たとえばLSATのような共通学力テストで入学者の選抜を行い、一定期間の高度に専門的で実践的な専門職教育を行う仕組みになっているわけで、日本の大学院制度がそれとは似て非なる構造を、さらに強化する方向にあることは、改めて言うまでもないでしょう。

法科大学院に代表される専門職大学院の出現は、法科大学院だけでなく日本の大学や大学院制度全体に係わりをもつ、大きな構造的な変化をもたらす可能性、ないしは危険性をはらんだ衝撃的な出来事だということを常に意識しながら、日本の大学と大学院の将来像をさぐっていく必要があるでしょう。

6章　「教育」改革のいま

変わる学生像

はじめに最近の進学率等の動きにふれておきたいと思います。まず「進学希望率」、高校卒業者のうちどれだけの人たちが大学・短大への進学を希望するかの数字ですが、それは56％（２００２年度、以下同じ）です。１９９０年の数字と比べてみますと7％の増になっています。次に、その進学希望者のうち、実際にどれだけが大学・短大に合格し入学したかという、「合格率」の数字を見ますと83％で、10年前の63％に比べて20ポイントも上がっています。進学希望者のほとんどが合格し、入学できる状態になったわけです。大学・短大への「進学率」の方も急上昇して、今や49％というところまできています。専修学校への進学率は約20％ですから、全体として7割近い人たちが高校を卒業後、大学や短大・専修学校、言い換えれば「中等後教育」の機関で勉強する状態になっています。

しかも、これらの数字はここ3年ほど完全に頭打ち状態になっていまして、日本の社会で学校教育がいまや、飽和の水準に近づいていることを教えています。明治から長い間、小学校の就学率を引き上げ、中学までの9年間を義務化し、高等学校への進学率を上げ、さらに大学・短大を中心に高等教育の機会を拡充してきましたが、その拡充も終わり、学校教育は全体として飽和状態になってきているというのが現状です。「高等教育はエリート・マス・ユニバーサルという三つの段階を辿って発展していく」という説を唱えたのは、アメリカの社会学者マーチン・トロウですが、そのトロウの理論によれば進学率、大学・短大進学率が5割に近い、専修学校を加えれば70％に近い状態は、まさに「ユニバーサル化」の段階です。日本の教育も、ついに高等教育までユニバーサル段階に達したわけです。

トロウは、進学率の上昇を段階移行の指標にしていますが、段階移行に伴ってどのような変化が起こるのかについて、次のように言っています——「学生数の増加はまず大学進学についての学生たちの考え方を変化させる。次には選抜の原理と過程が変化し始める。制度の他の構成要素はこれに比べて変化の速度が遅く、時には変化に抵抗する。そうした、保守性の根底にあるのは一つには大学の管理運営の方式であり、また一つには大学教員自身の特性と志向性にほかならない」（『高学歴社会の大学』天野・喜多村訳）。この文章は簡潔に変化の問題を扱っていますので、しばしば引用させてもらうのですが、日本の高等教育についても、彼の指摘したような変化が着実に進行してきたと言っていいと思います。

トロウが言うように、まず変化するのは「学生の意識」です。彼はそれを学生が「高等教育を受けることを特権と思っていた段階から、権利と考えるような段階が、さらにはそれが彼らにとって義務とみなされる段階がやってくる」という表現の仕方をしています。私が大学に入学したのは１９５０年代の中頃ですが、その頃はまだ進学率は10％前後でした。トロウの言葉を借りれば「エリート」段階にあったわけです。

その時代には確かに進学することは、特権的なことでした。角帽はすたれ始めていましたが、まだ大学生はみんな学生服を着ていました。映画館に行っても、電車に乗っても大幅な学割があるという時代です。それが急激に変化し始めたのは、ご承知のように１９６０年代から70年代にかけての時期です。大学・短大進学率があっという間に30％台まで駆け登っていく。その70年前後のころに大学紛争・学生反乱が起こりました。文芸評論家の三浦雅士さんが、『青春の終焉』という本を書いていますが、その中で彼は、日本の社会、日本における「青春」が終りをつげたのはこの時期だと指摘しています。それはトロウの言う「特権」として学生たちだけが享受しえた、「青年・青春期」が消滅したときと言いかえてもいいだろうと思います。「学生」層が社会的に重要なカテゴリーではなくなり、若者一般の中に「学生」層が解消されてしまう。学生は「エリート」から、そのころ流行った言葉で言えば「ミドルマス」、「新中間大衆」に変身をとげた。そういう大きな変化が起こったのです。

その大学紛争が終わった後、クラブ・サークル花盛りの時代がやってきて、キャンパスの空気が一変したことを覚えています。それからもうしばらく後になると、「私語現象」や、ゼミなどに出てもほとんどものを言わない「死語現象」が言われるようになり、学生たちが変わってきたことを痛感させられる。先生たちが3人集まれば「近ごろの学生は……」と言いあうようになったことも記憶に残っています。

これは単に学生たちが変わっただけではなく、学生たちが育ってくる環境、あるいは社会的状況が大きく変わったことの現れと考えるべきだろうと思います。社会学者たちがしばしば取り上げる「日本社会の構造転換」も、ほぼこの70年代前半の時期に生じたと考えられています。ご承知のようにこの時期には「核家族化」が急速に進みました。「少子化現象」も着実に進行して、両親と子どもが1人か2人という家庭が急速に増えていきました。そうした中でだんだん「人間関係の単純化」が言われるようになりました。

私たちの人間関係は、タテ・ヨコさまざまに結ばれていますが、家族内のタテの人間関係で言えば親と子という関係だけになり、3世代が一緒に住んでいる家族は急速に少なくなっていきました。何人もの子どもがいた時代と違って、わずか1人か2人では、子ども間のタテ・ヨコの関係も生じにくい。私たちの世代のように、祖父母や5人も6人もの子どもたちが一つの家族の中にいた時代とは全く違った人間関係になってきたわけです。また、ヨコの人間関係については、子どもたちの年齢集団内部でのつながりが弱くなってきました。さまざまな社会的背景や学力を持つ、その意味で異質な子どもたちが、一つのクラスの中で一緒に生活するということが少なくなり、学力によって進学・在学する学校が変わる。大学に入っても、自分たちと趣味を同じくする者同士が、クラブやサークル活動をするというように、ここでも人間関係が次第に単純化していきました。

最近の状況については、あらためてふれるまでもないかと思いますが、かつて隆盛を極めたクラブ・サークル活動も次第に不振におち入り、学生がキャンパスにあまり姿を見せないようになりました。私が大学にいたのは1990年代の中頃までですが、80年代に入る頃から、学生たちの質が変わってきたことを強く感じたものです。教育社会学を専門としていましたから、調査実習で学生たちを連れて夏の終りに合宿をし、アンケート調査の用紙を作る作業を毎年やっていましたが、学生たちが集まってもお互いにワイワイ議論をしない。あまり酒を飲まないし、話もしなくなりました。ゼミで新入生の歓迎コンパをやろうと言っても、リーダーになってコンパをオルグする学生がいない。調査実習の合宿自体、学生たちに人気がなくなり、どうやら迷惑だと思っているらしい学生が増えてきました。

それからこの時期には学寮も下宿もほとんどなくなって、学生たちはアパートやマンションに住んでいる。日本社会は集団主義の社会だと言われてきましたが、集団がだんだん大学の中で崩れ、衰退していく、そういう時代が80年代の中頃には来ていたといっていいだろうと思います。「共から個へ」といいますか、共に何かをするというのではなくて、一人で、個で何かをするという傾向が非常に強まった。一緒に住む、一緒に生活をする、あるいは一緒にものを食べる、一緒にお酒を飲むといったことがどんどん失われていった。「個食」という言葉もあるようですが、家族ですら、みんなが一緒に食事をするということが少なくなりました。親も子どもも、それぞれ自分なりのタイム・スケジュールを持って、個として自由に動いている。コンパの衰退は、集まって一緒に飲んだり話したりすることを、学生たちが嫌い始めたことの象徴ではないかと思うのです。

「発達課題」の消滅

こうした変化は、別の側面から考えてみますと、「発達課題」が社会の中で見えにくくなってきたこととも関係しているのではないかと思います。私が学生だった頃、教育社会学の領域では人間形成の発達段階説というものが、重要な理論の一つとされていました。それぞれの社会には、年齢に応じて達成しておかなければならない人間的・社会的な発達上の課題があり、それを次々に達成していくことによって、子どもは大人へと成長していくのだという考え方です。

80年代に入る頃から、あるいはもう少し前からはっきりしてきたのは、こうした社会的に期待される発達課題がだんだん見えなくなってきたということです。何よりも、大人になるというのはどういうことかが、分かりにくくなってきました。今では20歳の成人式が、大人になったことを象徴する儀式として、ほとんど意味を持たなくなってきていることはご承知の通りです。進学にも、就職や結婚にも、あるいは育児にも、それぞれに社会的に期待された年齢段階がこれまであって、それが発達課題の主要な中身になり、発達段階の区切りになっていたと言ってもいいと思います。ところが、今やフリーターとか、パラサイトシングルとかいろいろな言葉で呼ばれていますが、なかなか大人にならない、なれない、親離れできない若者たちが増えています。安定した仕事に就かない若者や、結婚しようとしない若者たちも増えている。

社会全体としても、これまでのように22歳で大学を出たら、そのまま企業に就職して定年まで勤め上げ、退職して年金生活に入る。その間、会社なり組織なりに身柄を預けておけば、一生面倒を見てくれるという状態ではなくなってきました。職業的なキャリアや人生は、自分で設計しなければならない時代になってきたわけです。こうした社会では、どのような発達課題を設定したらよいのか、なかなか社会的にコンセンサスが得にくい。それが教育のさまざまな困難にもつながっているのではないかと思われるのです。それはおそらく日本社会全体が青春期を終えた――「青春の終焉」を迎え、成熟社会になったこととも深く関わっています。明治以来長く言われてきた「立身出世」などという言葉は、今では完全に死語になってしまいました。それは、別の見方をすれば「学歴と試験の時代の終焉」を意味しているのです。

1984年でしたか、当時の中曽根内閣が「臨時教育審議会」を設置して、日本の教育問題を徹底的に議論したことがありました。その最初の答申は「学歴と試験」の問題を対象にするものでしたが、その頃にはすでに、学歴社会の問題や試験地獄、受験競争の問題はかなり大きく変わってきていました。30%、40%の人たちが大学・短大に進学するようになれば、学歴の価値は当然低下していく。進学が容易になれば受験競争は緩和される。そして同時に日本が成熟社会に近づけば、社会的な上昇移動、つまり立身出世の機会がなくなっていく。そういう段階に達しはじめていたのです。

これまでのように、良い学校を出て良い企業に就職するのが人生の、最終的なターゲットだという時代は終わって、良い企業というのはどういう企業かすら、怪しい状態が生まれつつあったことは、ご承知の通りです。大学に行って高い学歴を手に入れるのは上昇移動のためというより、現状を維持するため、あるいは下降移動しないための投資に近くなってきたわけです。

70年代の初めでしたか、アメリカで成熟社会の到来が言われるようになった頃、「子どもが自分の親よりも高い地位や報酬を得られた時代は終わった、これからはいかにして親と同じ地位を保つか、親よりも低い地位に就かないための努力の重要な時代がやってきた」という指摘がされたことを覚えていますが、それと同じような状態が日本でも80年代の中ごろに、はっきりとした形で現れはじめたのです。

70年代の初めに、OECDの教育調査団が日本にやってきて、『日本の教育政策』という報告書を出しました。その報告書の中でノルウェーの学者が、「日本人は二度生まれる」と指摘しています。一度目は「生物的出生」で、母親のお腹から生まれる。しかし日本人はもう一度生まれ直す。それが「社会的出生」であり、大学入試あるいは試験によって生まれ直すのだということを、彼は指摘したのです。

大学に入学するというのは、日本ではこれまでとは別の世界に入っていく、新しい社会階層に入ることを約束されるということである。日本人は、大学入試を経ることで「社会的出生」を経験する、学歴によって将来どのような社会の地位に就くか決まる、そう彼は指摘したわけです。極端な表現と言えばそうですが、当時の日本社会で学歴というものが持っていた意味を、的確に言いあてていたと言ってよいと思います。

そうした学歴社会が80年代の中頃には、急速に崩れ始めました。日本は集団主義の国だと言われてきましたが、その集団主義の根幹にあったのは、終身雇用・年功序列型の企業組織の秩序であり、それと学校教育の中での年齢階梯主義や教育年数主義がセットになって、日本社会を支えてきたのですが、それが次第に変わり始め、個人主義と言いますか、個の重要性がいわれるようになったわけです。

最近、学力低下が大きな問題になっていますが、その背景にも、教育における個人重視があります。今から見ると、どうしてと思われるかもしれませんが、60年代、70年代には小・中学校は言うまでもなく高等学校についても、小学区制と言いますが、その地域の子どもたちすべてが同一の学校に行くのが望ましいことだとされていました。実際にそうした考え方に基づいて、さまざまな改革がされていました。しかし、最近の動きを見ると、小学区制どころか学区制そのものをなくして、個人の選択の自由を最大限に保障することが望ましいとされています。東京都でも完全に学区制はなくなって、どこの高等学校に進学してもいい。小学校・中学校についてまで、学校選択の自由を認める自治体が出てきました。個人を重視する方向に大きく社会的な価値観が転換しつつあるわけです。大学における学生の問題も、そうした大きな状況の変化の中に位置づけて考えられなければならないと思います。

大学「教育」は改善されたか

先ほどのトロウの考え方によると、最初に変わるのは学生たちで、最後になって変わるのが大学の教員の意識だとされています。それはある意味で当然で、私もそうですが、大学の教員は大部分が伝統的でオーソドックスなタイプの、エリート型の大学に入学し教育を受けた人たちです。そうした大学で大学院に進んで研究者の道、学問をする道を選ぶ。もっとも伝統的なタイプのキャリアを辿ってくるわけです。こうした大学・大学人の理想とするところは、研究型の大学で研究者としての道を歩むことです。こうした研究重視は、伝統的な大学を出た大学教員たちにとって、社会や高等教育の構造が変わってもなかなか変わらない部分です。

それだけでなく日本の大学教員は、国際的な調査の結果からも知られていることですが、ほかの国の教員に比べても研究重視の傾向が強い。アメリカですと7割近い大学の先生は自分の重視しているのは教育だと答えますが、日本の場合は3割程度で、7割の先生方は研究重視だと答える。大学のマス化が進むほど、ユニバーサル化に近づくほど、こうした大学の教員たちの意識と学生たちの意識とのずれが大きくなるというのは、理解しやすい現象であるわけです。もちろん、そうは言っても学生の質の変化は、オーソドックスな伝統的な研究型の大学では、なかなか目に見えてきません。しかし、マス型あるいはユニバーサル型に近い大学では、学生の質の変化を教員がどうしても意識せざるを得なくなってきます。さまざまな教育改革はこれまで、その部分から行われてきたのです。

教育改革より以前に変化が起こったのは、入学者の選抜制度で、入学試験が急速に変わってきました。ご承知のように推薦入学制度がだんだん一般的になっていく。あるいは、入試の科目数が削減される。そうした変化が、はじめは周辺部の大学から、特に新しくできた大学から始まって、伝統的な大学にも次第に及んでいく。カリキュラム改革も同様で、入ってきた学生たちに見合った教育をしようとすれば、補習教育をしなければならない場合もあるし、新入生の適応教育をする必要も出てくる。さらには伝統的な、学問領域を名称にする学部だけでなく、新しい名称の学部を次々に作って学生たちの意識の変化に対応しようとする大学も出てくる。

こうした変化が80年代に入って少しずつ進行していたわけですが、90年代に入り、とくに91年に出された大学審の答申によって、教育改革がようやく大学政策のレベルで取り上げられることになりました。その大学審答申のタイトルは『大学教育の改善について』というものです。1963年にも同じ名前の答申が、当時の中央教育審議会から出ていますが、そこでは教育の問題にほとんど触れていません。制度をどう変えるかを主なテーマにしていたのですが、91年の大学審答申はまさに、大学「教育」の改善についてというタイトル通りの答申になっています。この答申については、これまでも度々ふれてきましたが、4年間の学部教育の自由な編成を認めるという点に一番大きなポイントがありました。そして、それに加えて教育のさまざまな「小道具」といいますか、シラバスであるとかFD、セメスター制、授業評価といった教育方法の改善につながるような制度改革を進めるべきだ、というのがこの答申の趣旨でした。それだけでなく、大学に自己点検評価の努力を求めたというのも、この答申の大きな特徴だと思います。

その結果、何が起こったかは、これも申し上げるまでもないことですが、特に国立大学の場合、数年の間に教養部、一般教育課程が完全に姿を消すことになりました。一般教育と専門教育の境界を取り払う、4年間のカリキュラムを自由に編成してもいいという「自由化」が、まずは一般教育、教養部の廃止の動きになって具体化したわけです。私立大学の場合には、早くから一般教育と専門教育の関係について、さまざまな工夫が凝らされてきましたが、国立大学の場合には、それまで強かった制度的な縛りがなくなると、大学の教養部・一般教育課程に所属していた先生は、それぞれ専門学部に転属をする。そして、従来の一般教育の課程は共通教育とか、あるいは教養教育に名前を変え、全学出動態勢ということで全学的な委員会制度を作り、そこが各専門学部の先生方の協力のもとにプログラムを編成する方式に変わりました。

それからすでに十数年が経ちました。国立大学の間では、この改革によって何がどれだけ変わったかを確認するためのさまざまな作業が進められてきました。その一つに「外部評価」があります。外部評価はあちこちの大学で実施されていますが、私もいくつかの大学の外部評価に参加させていただきました。通常ですと評価委員は大学側の意見を聞くだけですが、ある大学では学生たちの意見を聞く機会も与えられました。学生たちは改革についてさまざまな意見を述べましたが、印象に残っているのは、一つは「一般教育課程が廃止されて確かに授業科目の名前は変わった。これまでの、たとえば経済学入門のような概論的な名称から、より具体的で現実的なタイトルに変わった。セメスター制が導入されて、2単位で完結的な授業も増えた。確かに大きく変化したように見える。しかし実際には看板が変わっただけで、授業の中身はほとんど変わっていない」という辛辣な批判です。

もうひとつ、これも辛辣だなと思いましたのは、大学審議会の答申は、学生たちは4年間で124単位取ることになっているのに、最初の2、3年で大部分の単位を取ってしまう現状は望ましくない。単位履修のキャップ制を導入すべきだと述べています。1年間38単位とか40単位以上は学生が取れないように、履修の上限を設定すべきだというのです。その大学もキャップ制を導入したのですが、学生たちによると「これは履修の自由を妨げ、勉強するなといっているようなものだ」というのです。「40単位以上登録してはいけないというが、今のような授業なら1年間で50単位でも簡単に取れる。試験さえ受ければ単位が簡単に取れる授業がたくさんある。それなのにキャップ制を導入するというのは、熱心に学習するのをやめろというに等しい」。つまり、授業の中身が変わらない限り、キャップ制を導入しても、それは学生に対して遊んでいろというに等しいというのです。

学生の視点に立って

考えてみますと91年に始まった改革は、大学審議会の答申に基づく文部省主導、大学主導の改革であって、学生たちのニーズを聞き入れて開始されたものでは必ずしもない。そのことがだんだんはっきりしてきたように思います。これは国立大学の場合には、特にそういう傾向が強いのですが、なかには教員組織と学生組織をわける大学も出てきました。教育組織を学部から大学院に移し（大学院の部局化）、さらに例えば、九州大学では先生たちは全員、「研究院」という組織に所属をする。大学院の学生は「学府」に所属し、学部の学生はこれまでどおり「学部」に所属する。「学府」「学部」「研究院」という制度を作っています。これによって研究上・教育上のニーズの変化に適切に応えられるというのですが、考えてみれば研究院に所属する先生方にとって一番重要なのは研究であり、一番重要ではないのは一般教育に相当する共通教育や教養教育ということになりかねません。九州大学がそうだというのではありませんが、日本の大学の現状ではこの種の改革はよほど注意しないと、学生のニーズに見合ったものにならない危険性がある。また教養部・一般教養課程の解体と同時に専門教育、あるいは専門学部制も問い直されなければならなかったのが、こちらの見直しはほとんどされないままにきているのが国立大学の現状ではないかと思います。

もちろん、国立大学のなかには大学教育センターなどを作って、新たな共通教育や教養教育の在り方を模索し、実施しているところも少なくありません。そこに関係している先生方や、教養教育関係の委員会の先生は大変熱心ですが、大方の専門教育の先生方は必ずしもそうではない。教養部から移った先生方も、ようやく専門学部に移って、これから自分の専門領域の教育や研究をしたい。共通教育・教養教育は決して中心的な役割ではなく、むしろ周辺的な仕事だと考える傾向が、これまで以上に強くなってしまったと言っても、言い過ぎではないのではないかと思います。

改革を構想した大学審には、4年間の学部教育をどう編成するかを自由化すれば、ICU（国際基督教大学）のような、リベラルアーツを中心とした教養教育を4年間行う学部、大学が出てくるのではないかという期待がありました。その期待は見事に裏切られ、事実上そういうタイプの学部・大学はひとつも出てこないというのが現状です。もちろん学部段階で専門教育、専門職業教育を完結的に行って、卒業生を送り出さなければならない大学もあります。しかし旧帝大系の大学のような研究大学と呼ばれる、大部分の学生が大学院に進む大学でも、専門教育が初年次まで延びていって、一般教育や共通教育の部分を圧迫するという形で改革が進んできました。学部の1年次から始まって、大学院の修士課程修了まで、6年間びっしり専門教育を中心に教育を受ける場合も少なくないという状況になったのです。

こうした問題は、制度を変えてもそれだけで教育のありかたが変わるわけではないことを、象徴的に物語っていると思われます。それだけでなく、カリキュラム改革をしても、それが本当に教育の質の変化・向上につながる保障はないということでもあります。大学審議会が91年の答申で期待した変化が、部分的に起こったことは間違いありません。セメスター制は、ほとんどの大学で導入されるようになりました。FDも今では、多くの大学で実施されるようになっています。しかしほんとうに4年間の大学の質が変わったのかとなると、さまざまな疑問符を付さなければならない状況が続いているのではないか。制度改革、制度としてのカリキュラム改革には明らかに限界があるというのが、教育改革の現実ではないかと思うのです。

こうした関係を変えていくためには、学生の側に視点を向き変える、教えることから、学んでいる学生たち自身の方に目を向ける、視点を移動させる必要があるのではないか。同時に4年間の顕在的なカリキュラムだけでなく、学生たちが過ごす4年間のキャンパスライフの問題、キャンパスライフの中に埋め込まれた「隠れたカリキュラム」と社会学者たちは呼びますが、そうしたものにもっと目を向けていくべき段階にきているのではないかと思います。

異空間性の復権を

大学は先ほども申しましたが、進学することが「特権」であった時代には明らかに、大学以下の学校とは違った「空間」として存在していました。学校・スクールと大学・ユニバーシティーとは、歴史的起源を見てもそうですが、別の組織として発展を遂げてきたものです。ところが進学率の上昇によって、次第に両者の間の距離が近づいてきました。それと同時に、大学がそれまで持ってきた「異空間性」が失われるようになった。高校と大学との間は、今では連続的になりつつあるといってもいいでしょう。たとえば「高大連携」で、大学の授業を高校でも聞けるようになりました。また、入学試験も易しくなったというか、受験勉強をしなくても推薦入学で入れる大学が、着実に増えてきています。

かつては大学に進学するということは、高校までの学校とは全く別の世界に入っていく、飛躍や跳躍を伴う行為であったと思います。入学試験が、高校と大学の間に大きな障壁として立ちはだかっていて、受験が一種のイニシエーションとしての性格を持っていたといってよい。日本の社会では、試験が第二の、「社会的出生」の役割を果たしているといった外国人がいることは、先ほどお話ししましたが、それはまさにイニシエーションであり、それを通過することによって別の世界に入っていくものでした。

あるアメリカの文化人類学の入門書は、イニシエーションの例として、アメリカの大学の卒業式を挙げています。アメリカでは4年間の学部教育を終わった後に、若者たちは新しい人生に入っていく。日本でイニシエーションに当たるのは入学試験であり、大学の出口ではなく入口が、別の世界に入る役割を果たしてきた。その日本の社会で入学試験、大学進学が持ってきたイニシエーション的性格が、急激に弱くなってきているのが現状ではないかと思うのです。別の言い方をすれば、大学に入るということが若者たち、学生たちにとって、人生の重要な区切り、飛躍や挑戦にならないような状態が生まれているのではないか。かつては、これまでとは違った知の世界に入っていくのだと、若者たちが自覚させられるような大きな境界が、高校以下の学校と大学との間にあった。ところが高等教育の大衆化、それに情報化や知識社会化の進展と共に、避けがたい結果なのでしょうが、そうした境界性が急速に失われてしまったのです。

大学で教えられる学問体系自体も大きく揺らいできています。これまでの専門学部制は、19世紀的な学問体系を基礎にして組まれてきました。学部の名称が、そこで教えられる学問の体系を表していたわけです。経済学部に行って経済学を勉強する。法学部に行って法学を勉強するというように。しかし、学際性を売り物にする新名称の学部や研究科が、次々に登場してくることからわかるように、19世紀的な学問体系は、専門学部制が揺らぐ以前にすでに、大きく揺らいできています。学際的という言葉自体、今はあまり使われないほど、学問間の境界性が大きく失われつつある。そうした中で、一般教育課程の廃止によって、共通教育と呼ばれるようになった部分のカリキュラムの「非構造化」が起こった。その非構造化は専門教育の領域でも進行しているわけですが、どこの大学・学部でも選択科目制が大幅に拡充されるとか、所属学部以外の他学部の単位を履修する自由が大幅に認められるといった変化が起こってきています。

別の表現をすれば、大学に入って学生たちが学ぶ学問、学問には「ディシプリン」という英語が当たりますが、そのディシプリン間の境界自体があいまい化する状況になってきた。それと同時に、学生たちにとって大学はこれまでのような共同体性を失い、学生たちは単なる教育サービスの消費者として、大学を利用するだけという傾向がますます強くなりました。こうした問題は、先ほど触れたような単なる制度の改革や、カリキュラムの改革だけでは解決されえない問題ではないか。もう一歩先の教育改革の問題を考えなければならない段階に、われわれはきているのではないかと思うのです。

その一つはおそらく、大学というものを知的な挑戦の場として、再編成することではないかと思います。大学を若者たちにとって、高校以下の教育とは違う「異空間」として、もう一度編成し直す。また入学試験もこれまでは、選抜に力点が置かれて、できるだけ学力の高い学生を入学させるための手段として使われてきました。あるいは、より多くの学生を集めるための手段として入試を使うということであった。しかしこれからの入学試験は、選抜の手段ではなくて、それ自身が一つの知的な挑戦であるようなものに変えていかなければならない。すでに一部の大学は、そうした方向で改革を進めています。

さらに、大学に入ってくる学生たちに、初年次教育の一環として「大学学」を教える大学も出てきています。大学というのは一体どういう場所なのか。それは高校以下の学校とどのように違うのか。そこで何をどのように学ぶのか。それらを学生たちに自覚的に認識させるための場を作る努力ですが、こうした努力は、多くの大学や学生にとって必要な課題ではないだろうかと思います。同時に、選択科目制を大幅に導入するだけでは、学生たちはまとまった、構造化された「知」を獲得することができません。教養教育におけるコアカリキュラムの組み直しの動きもありますが、専門教育を含めてカリキュラムの再構築が必要になってきていると思うのです。

先ほど、ディシプリンのことにふれました。ディシプリンとは学問体系を意味していますが、ある学問体系を学ぶということは、同時に学生たちにとってのディシプリン、つまり訓練にもなってきたわけです。私は最初に経済学部で4年間、経済学を勉強しましたが、そこで身につけた経済学的な考え方が、いかに強固に自分の中に根を張っているか、その後、教育学や社会学を勉強するようになって痛感させられました。

そうした訓練としてのディシプリンの機能が、学問の体系性が失われるのと同時に弱くなってきている。ディシプリンの場を、いかにして大学の中に再創造していくのか。卒業論文や卒業研究の重要性も、それとの関係で再認識されなければならないのではないかと思います。選択制の幅を広げ、ディシプリンを崩していくのであればそれだけ、学生たちが4年間の学習で何を学んだのか、達成したのかという達成感を味わせる仕組みを、大学の中に自覚的に作り出していく必要がある。それは、単に知識を授けるだけではなく、知識を媒介として「知恵」を作り出していく作業でもあるのだと思います。教育の方法は、そういう意味で重要性を持ってくる。知的な挑戦の場としての大学の再創造というのは、そういうものではないかと思います。

もう一つの問題は、人間形成空間としての大学の問題です。大学が一つのコミュニティ、学問をするものの共同体だという考え方は、マス化の過程で急速に薄らいできました。特に日本の場合、学生が大学の第三の構成員だということが忘れられているのではないか。学生同士の関係、学生と教員の関係、さらには学生と卒業生の関係は、大学という組織体にとって、きわめて重要な意味を持っていると思います。私立大学の中で同窓会を持たない大学はほとんどないと思いますが、国立大学の中で全学的な同窓会を持っている大学はきわめて少ない。私が卒業した一橋大学と東京大学という二つの大学は象徴的な事例でありまして、学部単位で同窓会を持っている国立大学はもちろんありますが、大学全体を通じての同窓会組織を持つ大学はこれまで多くはありませんでした。

それは国立大学のコミュニティとしての性格の弱さを象徴しています。法人化が問題になってから、急に学部の枠を越えた同窓会を作ろうという動きが広がり、あちこちの大学で、全学的な同窓会組織ができたという話を聞いています。これまで、国立大学の多くは専門学部の連合体であって、大学としての統合性を十分に持っていませんでした。コミュニティ性がなかったと言ってもよい。それは国立大学の人間形成空間としての役割が、私学に比べて弱かったことを象徴しています。法人化構想の登場が初めて、国立大学に共同体性を教職員はもちろん、学生にも認識させる契機になりつつあるといってよいだろうと思います。

学生同士の関係や、学生と教員の関係を再創造していくためには、クラブ・サークルやゼミ、研究室といった、これまで使われてきた仕組みや制度をもっと積極的に使っていく必要があるでしょうし、同時に、おそらく最も重要な点として、学生たちを巻き込む、学生たちが参加する教育改革を進めていかなくてはならないでしょう。私立大学の例はあまり知りませんが、国立大学の中には教養教育を改革してから、学生対象のアンケート調査を実施する大学が増えています。学生たちの不満も当然、聞こえてくるわけですが、調査結果をどのように教員の側、さらには学生の側にフィードバックするのかまで、配慮している大学は少ないのが現状です。学生たちは調査対象になっているだけで、教育を改善していくプロセスの中に組み込まれていない、参加していないということの象徴的な表れとみるべきでしょう。

先ほど、ある大学の外部評価のときに学生たちから聞いた言葉を紹介しましたが、多くの大学で似たような状況があるのではないか。独りよがりの改革が行われているのではないか。これからの大学は学生が参加をする、特に教育のプロセスに参加する、さらには大学というコミュニティに帰属感を持つことがなければ、存立・発展の基盤が弱体化するばかりでしょう。大学の先生方は授業評価が嫌いで、なかなか広がらないのですが、授業評価は学生を教育や学習のプロセスに参加させる重要な手段と考えるべきではないか。授業評価の結果は、学生たちに何らかの形でフィードバックすべきもので、それが教育の質を変えていくのではないかと思うのです。

職業主義の危険性

大学「教育」の問題について、このように考えていますが、それでは大学改革全体はそういう方向に動いているのかというのが、最後にお話ししてみたいことです。結論的に言えば、残念ながらここ5～6年の改革の動きを見ていますと、改革は逆の方向に動いているように思われてなりません。

国立大学の場合がとくにそうなのかもしれませんが、この5年、10年と言ってもいいかもしれませんが、大学政策が全体として研究重視の方向に動いていると言っていいのではないか。「大学院重点化」ということが言われて、国立大学の中で12の大学が重点化大学になりました。ここでは先生たちは全員、大学院に所属が移り、学部は大学院に付属した施設になっています。かつては、学部に大学院が付設される形でしたが、今は教員は大学院に所属し、そこから学部の方に教えに行く形になりました。また、学部での専門教育に対して、大学院での専門教育を重視する傾向も強くなり、特に、ビジネス系では「専門大学院」の制度化が、数年前から進められてきました。２００４年の春には、それを発展させる形で「専門職大学院」制度が発足しています。これからは学部段階で完結的な専門教育を行う時代ではない。大学院でエリート養成、高度人材養成をやるのだというのが、改革の大きな流れになってきています。

そうした中で「遠山プラン」と呼ばれる改革構想も登場してきました。これはご承知のように「トップ30」、その後「21世紀COE」という名前になりましたが、研究機能の強い国際的に通用する拠点大学を作り出していこうという構想を、ひとつの大きな柱にしています。国立大学の法人化が2本目の柱、3本目の柱は国立大学の再編・統合ということですが、大きな話題になったのはCOEです。高等教育政策全体の流れは、研究重視・大学院重視の方向に動いている。大学院重視とCOEは重なり合っているわけで、国立大学は90年代の初めには教育改革に熱心でしたが、大学院の重点化が始まり、COEを含む「遠山プラン」が出る中で、先生方の関心が急速に教育から離れて研究、さらに言えば法人化とかかわる管理・運営の問題の方に移っていきました。教育改革の問題は、大学の教員全体にとっての問題ですが、再編・統合やCOEや重点化の話はそうではありません。一部の執行部や関係のある部局だけの話だということになって、さまざまな問題を抱えている教育の現実とは関わりがなくなり、教育に関する関心が冷めているというのが国立大学の現状ではないかと思います。

2002年の秋には3つの中教審答申が出されました。法科大学院に関する答申、専門職大学院に関する答申、それから新しい質の保証システムに関する答申です。三つ目の答申は、「事前規制から事後チェックへ」ということで、文科省の設置・認可に関する規制を緩める代わりに評価システムを強化していくというものです。設置・認可の基準そのものは大幅には変わりませんが、運用のしかたは大きく変わって、学部や学科の新増設が簡単・容易になる。改組改編も自由にする方向で動いています。

専門職大学院に関する答申は、一般の大学院のほかに専門職大学院という、新しい大学院を作って高度専門職業人、具体的には法律家やビジネス系の専門家を養成するというものです。この大学院改革はすでにみたように、さまざまな意味を日本の高等教育の将来に持っていると思われますが、中でも重要なのが大学院と学部の関係です。

この法科大学院には、基本的な理念としては、学部で何を学んできても進学できることになっています。しかし、議論の末、法学部の卒業者を入学させるコースも作ることになりました。こちらのほうは、すでに法学を学んでいるわけですから、2年間で単位を取得し卒業できるようにすることになっています。つまり、3年制の課程と2年制の課程が併存することになったわけです。法科大学院を開設する代わりに、4万人の卒業生を出している法学部を廃止することは、事実上できないから、そういう妥協案をとることになったのでしょうが、最初の法科大学院3年間で徹底した実務的な法務教育をするという考え方からは、かなり後退した考え方になっています。

このことには、学部と大学院との関係に対する重要な問いが含まれていると思います。要は、4年間の学部段階での法学教育とは一体何なのか。このままでいけば、法科大学院に入るための予備教育の場になってしまうかもしれません。最初の構想では4年間の学部教育は、基礎的な高等普通教育であり、それを修了した人なら誰でも入学でき、法律家になることができる道を開くのだということでした。ところが、法科大学院ができても学部段階の法学教育を廃止するどころか、縮小することすらできずに、法学部を残すことになった。その結果、法学部の4年間の教育はそれ自体が完結的な教育になるのか、それとも法科大学院に進学するための予備教育機関化してしまうのか、という問いに答えることを迫られているのです。

その問題を含めて、法科大学院には他の教育分野にもかかわる複雑な問題が隠されているように思います。学部段階における専門教育とは一体何なのか、学部段階の専門職業教育とは何なのか、という問題です。法科大学院は、大学院で専門職業教育をするために作られましたが、それと並んで医学部や歯学部のように、6年間の学部教育で専門職業教育を行い、卒業者に学士号しか与えられない教育コースが存在しています。法科大学院では、所定の単位を修得して卒業すれば、司法試験に通ろうと通るまいと、全員が法務博士号を授与される。かたや医師試験を受けて国家試験に通っても医学士でしかない人たちがいる。そうした、奇妙な構造になっているわけです。

大学審議会や中央教育審議会大学分科会の答申を見ますと、4年間の学部教育では教養教育が重要だということと、これからの学部教育は専門基礎教育なのだということを、繰り返し強調しています。しかし、専門基礎教育とは一体何なのか。4年間の学部教育は高等普通教育なのか、教養教育なのか、それとも専門基礎教育なのか。工学部にしても農学部にしても、そこでの専門教育は大学院における高度専門教育、あるいは高度専門職業教育と言われるものと、どういう関係にあるのか。その点が曖味なままに、職業教育重視の大学院が作られつつあるのが現状です。

問題は大学院の問題であるかに見えますが、学部の問題であり、学部教育をどのように考えていくのか、編成していくのかという問題でもあるわけです。大学教育の将来にとって、日本の高等教育の将来にとって非常に大きな問題だと思うのですが、そうした問題意識が関係者の間にあるかと言えば、ほとんどない。大学全体として、学部教育のありかたをどのように考えていくのか。法学教育はその一つのテストケースになるのではないかと思うのです。

いずれにしても時代の流れはボケーショナリズム、職業教育重視の方向に動いています。学部段階でも職業教育重視の傾向が強まっていますし、大学院でもこれまでのように研究者養成だけでなく、専門職業人養成に特化する動きが強くなっている。そうした中で、改めて学部教育をどうするのか。

日本の学部教育のモデルは長い間、ドイツといいますかヨーロッパ的な専門教育や、専門職業教育がモデルでした。教養教育重視の学部教育は、アメリカモデルです。そして日本でも、全体の大きな流れからいえば、アメリカ・モデルの方に移行しなければならないという認識があるように思われます。そのアメリカでも、最近はボケーショナリズムの傾向が強く、4年間の学部教育の中で、選択制やメジャー制によって職業教育が行われています。また同時に工学系などでは、学部段階から専門分化して学生の選抜、入学、教育を別枠でやっています。しかし、4年間の学部教育はそれ自体が完結した教育であって、高度の、あるいは専門の教育や職業教育は大学院レベルで実施していこうというのが、アメリカの高等教育の大きな枠組みであることは間違いありません。

知識から知恵へ

その学部教育について、あるアメリカの研究者の本を読んでいましたら、「四つのC」という言葉にぶつかりました。それは学部教育の新しいあり方を探らなければならない日本にとっても、説得的な説明であるように思います。

まず、第一のCはcommunicationです。外国語を含む言語的な能力と、それからおそらくはコンピューターに関わる情報処理の能力を含むものと考えたらいいかと思います。日本の一般教育、共通教育でも最近は、実用的な外国語とコンピューター教育、情報教育は欠かせないものになっていますが、それだけでなく、コミュニケーション能力にはさらに幅の広い、ディベートの能力であるとか、プレゼンテーションの能力なども含まれます。こうした日本では必ずしも十分ではないものをふくむコミュニケーション能力が、学部教育の大きな一つの目標であろうと思います。

二つ目のCはcritical thinkingで、批判的に物事を見る能力です。これもとても重要でありまして、個性的な人間を育てるためにはクリティカルな思考能力を育てていかなければいけない、ということです。

三つ目はcreativityで、創造性、独創性と言えばいいのでしょうか、自分で新しい問題を発見したり、あるいはそれを解き明かしていく基本的な能力です。

最後に第四に重要なものとしてcontinuous learningがあります。継続的な学習の能力とでも呼ぶべきものです。いまの時代、全ての知識を大学の4年間の学部教育の中で身につけるのは、不可能なことです。開かれた知の体系を、いつでも積極的に学んでいける能力を、4年間の学部教育を通して培う必要がある。

こうした四つの能力は、要は大学がひとつの、それだけで完結した知の世界ではなくて、外側に開かれた大きな知の世界への一つの橋頭堡といいますか、入口だということと深くかかわっています。大学で学生たちに知識を教えるのではなく、知識を通じて知恵を与えるのだということを先ほど申しましたが、その知恵の中身は、おそらくこうした四つのCを中心に、構成されているのではないか。そうした能力を与えるために大学はどのような教育をしたらいいのか。それがこれから考えていかなければならない、学部教育の問題だと思うのです。

何年か前に『大学に教育革命を』というタイトルの本を書きましたが、教育革命はいまも依然として必要なようです。最近はさまざまな改革の中で、大学とは教育サービスを提供する場所であり、学生はそのサービスの消費者だとよく言われ、そうした線に沿ってさまざまな改革がされています。アメリカの例がよく引き合いに出されますが、そのアメリカではコーポレート・ユニバーシティ（企業大学）やフォー・プロフィット・ユニバーシティ（営利大学）が急激な発展を遂げているといわれます。『ニューズウィーク』誌の最近号にも、その話が載っていますが、そこでは定型化された知識をいかに効率的に学生たちに学ばせるか、いかに実用的な教育サービスを消費者としての学生に提供するかが、重視されています。カリキュラムを設計する人や、それに沿ったテキスト作りをする人たちが別にいて、インストラクターは、テキストやマニュアルどおり教えていけば誰でも同じような水準の教育をすることができる、そうしたシステムが次第に広がっています。それは伝統的な大学とは全く違った、「商品としての大学教育」、「産業としての大学」とでも言ったらよいものです。

しかし大学は、多くの若者たちが生活を共にする場所である以上、単なる定型化された知識伝達の場ではなく、ひとつのコミュニティでなければならない。教師にとっても、そのコミュニティの一員としての学生との関係が一番重要なものでなければならない。学生はたんなるサービスの消費者ではなく、大学という共同体のメンバーです。そしてその意味で、大学教育についての一番重要な評価者は学生だと思うのです。「質の保証」については、認証評価制度を作り、認証された評価機関が教育の質を評価するとされていますが、教育についてみる限り、最も身近で重要な評価者は学生であって、外からやってくる評価者ではないのではないか。

最後にもう一つ申し上げておきたいのですが、しばらく前にヘンリー・ロソウスキーというハーバード大学の日本経済の研究者で、ハーバード・カレッジのディーン（学部長）を長くやっておられた教授が日本に来て講演をされました。その講演の中で、「大学教員の職業倫理とは何か」ということを、問題にされたのが強く印象に残っています。ロソウスキー教授によれば、教育重視とされるアメリカの大学でも、教員の研究志向がますます強くなっている。それにともなって大学の教員が教育を軽視する傾向が強くなっている。ハーバード大学の中心は、ハーバード・カレッジと呼ばれるリベラルアーツのカレッジですが、そのカレッジの教育を、ハーバードの教授たちが軽視するようになった。ロソウスキー教授は、そのことに警告を発しながら、いったい大学教員の職業倫理というのは何なのかと、疑問を投げかけたのです。

大学教員もプロフェッションである限り、職業倫理を持たなければならない。大学教員の職業倫理とはどのようなもので、その職業倫理を誰が将来の大学教員である大学院生たちに教えるのか。大学院は将来の研究者を養成するだけでなく、将来の教員を養成する場でもある。ところが研究者としての倫理は教わっても、教員としてのそれは教わらない。大学教員の最も重要な職業倫理は教育に関するそれではないか。これはアメリカ以上に日本の大学の場合にとって、適切な指摘ではないかと思います。

ハーバードに相当する、日本を代表する東京大学は、駒場の教養学部がそのまま残ったために、教養重視の教員集団が今も存在して、そこで教育の問題が考えられていますが、本郷の専門学部の方はますます研究志向になっています。大学院重点化で、教員がすべて大学院の所属になりましたから、ある意味でそれは公認されている。その上にさらにＣＯＥで多額の予算がついてくる。時間は誰にとっても24時間しかありませんから、先生たちが研究に割かなければならない時間が増えれば、それだけ教育の時間が奪われていくのが日本の現実です。ＣＯＥ予算をもらった、もらわないで大学も教員も、一喜一憂していますが、ＣＯＥ予算が増えれば増えるほど教育が空洞化していく危険性があることを忘れてはならないと思うのです。

日本の大学教育は、いま新しい段階を迎えています。このまま研究重視、専門職大学院重視の方向に走って行っていいのか、学部教育を一体どうするのか、もう一度真剣に考え直すべき時にきているのではないでしょうか。

7章　大学改革を俯瞰する

最近は、新聞を開けば大学改革の問題が毎日のように書かれています。しかし書かれているさまざまな問題のそれぞれが、どのような全体的なコンテクストの中に位置しているのか、分かりにくいというのが実感ではないかと思います。部分的には分かるのですが、全体の関係がどうなっているのかが見えない。さまざまに生起する事柄を、一つの解釈の枠組みの中に位置づけたらどうなるのか。いま進行している大学改革の、いわば俯瞰図を私なりに描いて見たいというのが、ここでの狙いです。

三つのメガトレンド

さて、その日本の大学改革ですが、世界的な大学改革の波のなかに置いて見ますと、日本にはむしろ一回り遅れてきているといってよいのではないかと思います。1980年代の中頃、新保守主義とか新自由主義とか呼ばれていますが、当時のイギリスのサッチャー政権や、アメリカのレーガン政権の一連の政策に端を発する大学改革の波が、やがて他の多くの国にも波及していきました。レーガンやサッチャーが、どうして大学改革の問題に着目したかといえば、それは彼らが保守的だからというのではなくて、その時代に高等教育に関わる大きな三つの変化、メガトレンドとでも呼ぶべき変化が、急速に進行し始めていたからです。

その一つは、「マシフィケーション」、つまり大衆化の問題です。高等教育の規模がどんどん拡大していく。18歳人口比で日本は今、進学率が50%ちょっと下回る数字になっていますが、アメリカは日本よりも早くから、それが50%水準を突破していました。ヨーロッパは80年代に入るまで、進学率が20%前後でしかなかったのですが、それがあっという間に、どこの国でも40%近くまできたわけです。かつては一握りの若者しか行けなかった大学に、たくさんの学生が押しかけてくるようになった。当然、入ってくる学生の質は変わります。大学という組織の中で、量的にいちばん大きな部分を占めるのは、学生です。その学生の質が変われば、それに応じて大学は変化を遂げざるを得なくなる。というより彼らが、変化を求める大きな力になっていく。

日本と東アジアのいくつかの国、韓国や台湾を例外として、世界のほとんどの国で、国レベルないし州レベルの政府が、高等教育に必要な資金の大部分を負担しています。私学セクターの存在感が大きいアメリカでも、州立の大学に7割の学生が在学しています。GDP比でいうと、日本では政府はわずか0・5%しか、高等教育にお金を出していませんが、欧米諸国ではその数値が、1%前後になっています。本来、高等教育は国の責任で行うべきものだという考えがあるためで、依然として授業料無償の国もヨーロッパにはたくさんあります。その結果として、進学者が増えれば増えるほど、教育にかかる公的なコストが上がっていく。つまり国の財政支出に占める高等教育費の比率がどんどん上がっていく。同時に大衆化が進みますと、学生たちを今までの伝統的な大学という受け皿では受けとめられなくなり、新しいタイプの高等教育機関を、受け皿として作らざるを得なくなってくる。これまでより安いコストで大量の学生を教育するシステムを作っていかないと、既存の大学を含めて高等教育財政、あるいは国の財政がパンクしてしまう。そういう改革を求める問題が、マシフィケーションに伴って起こってきたわけです。

二つ目はそれと深い関係がありますが、「マーケティゼーション」といいますか、市場化の問題です。80年代に入りますと教育、特に高等教育の世界に市場主義的な考え方が大幅に取り入れられるようになってきました。これは後でお話しますが、高等教育費の増大とともに、大学も一つの経営体であり、経営システムの合理化をはかり、もっと効率的な資金の使い方をしていかなければならない。教育と研究の目標達成のためにも、かかるコストは安ければ安いほどいいという考え方が急速に強くなってきました。大学のあり方を変える上でもっとも有効な手段は、資金の配分の仕方です。それをこれまでの平等配分から競争的な配分方式に変えていけば、大学はお互いに競争し合って効率を高め、教育研究の成果を上げていくのではないかというので、資金配分に競争的な仕組みを導入する動きが強まりました。

競争は、評価の問題を避けがたく伴うものです。どこに重点的に資金を配分するのかを、公開の応募審査方式で行うだけでなく、その結果どのようなアウトプットが得られたかも評価して決める必要がある。そこで評価の仕組みが、システムのあちこちに組み込まれることになりました。それぞれの大学の教育研究面での実績を評価する仕組みや、個々の教員の教育・研究面の業績を評価する仕組みをつくる。そうした仕組みが導入されると、これまでと違って大学や学部の間に、競争の過程を通じて一種の序列がかたちづくられていきます。ヨーロッパでは長い間、大学は互いに対等・平等のものとみなされてきましたが、大学間の格差構造がつくられていく。例えばイギリスでは、日本でいえばかつての「新制大学」のように昇格した大学がたくさんうまれて、伝統的な大学の仲間入りをした結果、大学間のピラミッド状の構造がはっきりしてきたのですが、その数の増えた大学間の研究費の配分を競争的に行うことによって、研究費の配分を全くうけることができない大学と多数の研究費をもらう大学との、大きな格差が目に見えるものになってきています。

大学が一つの経営体として、他の大学との評価を伴う競争を勝ち抜くために、どんな戦略をたてて生き残り、発展していくための努力をしたらいいのかが、高等教育の世界に市場主義的な考え方が浸透するにつれて、大きな問題として現れてきたのです。また、これまで国立大学しかなかったドイツやフランス、イギリスでも私立大学の設置が始まっていますが、これもマーケティゼーションの一つの現れと見ていいでしょう。

三つ目は、「グローバリゼーション」です。これは別に高等教育だけの話ではありませんが、情報化が進み、ＩＴ技術が急激に発達し、コミュニケーション・ネットワークが、全地球的な広がりをもってきたことが、大学の世界にも大きな影響を与えています。何よりもグローバリゼーションの結果として、経済競争、先端的な科学技術競争が世界的なものになり、それと同時に科学技術競争の中核的な機関は、他ならぬ大学だということになってきました。

日本でもごく最近までそうでしたが、一時期は大企業が大規模な中央研究所をもって、そこで基礎研究も、応用研究や開発研究もするというのが一般的でした。ところがアメリカはかなり早い時期から、70年代の中頃から、企業がそうした中央研究所をやめて、資金をむしろ大学の基礎研究に支出するようになりました。日本も最近になってそういう変化が起きてきたわけですが、中核的な知識産業としての大学がグローバリゼーションの中であらためてクローズアップされてきた。そうなると、どこの国も自分の国の大学の水準は一体どの程度なのかに関心をもたざるを得ません。そこで世界的な大学のランキングなどというものも、作られるようになったわけです。

さらにいえば、こうした大学間の国際的なランキングが作られるとか、情報のネットワークができるということは、優秀な研究者や若い学生の国際的な流動が大きくなることを意味しています。優秀な研究者や留学生は、今や各国で奪い合いになっているわけです。日本はこの点でも出遅れている。グローバリゼーションが進んで、今や中国の優秀な学生の大きな部分がアメリカに留学をしています。日本はこの間、留学生が10万人を超えたというので大きなニュースになりましたが、アメリカでは40万人規模の留学生がいる。優秀な学生、あるいは研究者の国際的な流動性が非常に高まったということがあります。

さらに重要なのは、大学はそれ以前に教育サービスを提供する機関ですが、その教育サービスが今やインターネットを中心にしたIT技術にのって、自由に国境を越えてさまざまな国に入ってくるようになりました。つい数年前にMIT、アメリカの有名なマサチューセッツ工科大学が授業を全部ビデオ化し、それを情報ネットにのせてどこでも見られるように流すという大英断をしたというので、大きな話題になりました。それに限らずさまざまな形で、教育サービスが国境を越え始めています。アメリカのビジネススクールは、世界的に有名ですが、そのビジネススクールが分校を、アジアの各地に作る動きも進んでいます。あるいは現地の学校法人と一緒になって、アメリカ的なビジネススクールを作るという動きも出ている。これから情報化がさらに進めば、別にアメリカに行かなくても、アメリカの大学で行われている授業に、日本にいて参加することができるようになる。それが簡単にできるようになる時代が実際に、具体的に始まろうとしているわけです。

WTOといいますと、国際的な貿易の問題を扱っている国際機関ですが、このWTOの問題の一つに、教育サービスが数年前から登場してきました。例えば日本のように、学校法人を作って一定の校地を持たないと、大学を設置することができないというのは、一種の関税障壁ではないのか、そのバリアをなくせ、というプレッシャーが今強くなってきています。攻勢に出ているのはアングロサクソン系の国で、狙われているのはアジア諸国です。東南アジア、東アジアを含めて、もっと自由にアメリカの大学が自分の持っている教育サービスを売ることができるようにしろ、という圧力をかけているわけで、まだ表に出てきていませんが、文部科学省はすでに対策委員会を作ってこの問題を2年ほど前からさまざまに検討をしています。これもグローバリゼーションの大きな流れの一つです。

知の共同体と経営体

こうしたメガトレンドといいますが、大きな動きの中に今、私たちの大学がおかれているわけで、その影響は大学にさまざまな形で及んでいるのですが、象徴的な言い方をすれば、それはこれまで「知の共同体」であった大学が「知の経営体」へと変質せざるを得なくなりつつあることを意味している、といえるのではないかと思います。

私は大学の教員としては古い世代に属していますが、私たちがいた頃の大学は、まだ良き時代だったといえるかもしれません。特に私のいた東京大学のような大学はそうですが、19世紀の初めにドイツでできた、一般に「近代大学」といわれている大学の理念が長い間、最近まで支配的なものとして続いてきました。

それは「知の共同体」型の大学像、といっていいだろうと思います。学問の自由や大学の自治も、それと関わっているわけですし、教育と研究の統合もそうです。教え、学ぶ者の共同体という言い方も、そういうカテゴリーに入りますし、「象牙の塔」という呼び方もありました。社会から切り離されて、その中で学問をする者がお互いに研鑽し合う場としての、まさに「知の共同体」というのが、19世紀の初めに生まれた近代大学のモデルだったわけです。

ところが、先ほど申しましたマシフィケーションは、こうした知の共同体型の大学の基底を掘り崩す力をもっています。かつては大学に来るのは学習目的や、将来の職業目的がはっきりした学生たちでありました。これをある学者は「専門学生（プロフェッショナル・スチューデント）」と呼んでいます。しかし、それに代わってどんどん増えてきたのは、「一般学生（ゼネラル・スチューデント）」と呼ばれる学生です。この学生たちは将来の職業目的がはっきりしているわけではない。皆が行くから自分も大学に行くという点で、学習に対するモチベーションの決して高くない学生たちです。そして大衆化は、こうした学生たちの急激な増加を伴って進行するわけです。入ってくる学生が変化してきたというのは、そういう意味での変化でもあります。

同時にこの「知の共同体」の中で、それを根底で支えてきた伝統的な学問体系もゆらぎ始めました。学問というのは法学とか経済学、工学、医学というように、いくつかのきちんとしたディシプリンに別れていて、それぞれが学部とか学科の名称になって示されている。それぞれのディシプリンの中は、工学部でいえば機械工学があり電気工学があり、理学部であれば物理学があり、化学がありというように、さらに細かなディシプリンに分かれている。こうした学問体系に対応するものとして、講座制があったわけです。講座というのは、一人の教授が、その領域の学問の研究と教育を担当するというものです。旧制の帝国大学を中心に、研究を重視する大学・学部には全てこの講座制がおかれていました。教授、助教授、助手という身分制度もこの中で組み込まれていたのです。

その講座制も先頃、文部省が講座制に関する省令を廃止しましたので、講座を置くか置かないかは各大学の自由ということになりました。講座はチェアといいますが、それ以前から一人1講座ではなく、ソファというかカウチというか、一つの椅子に3人も4人もの教授が座っている大講座制がだんだん広がってきていたのですが、ついに講座そのものが法制上は姿を消すところまできました。それは伝統的な学問体系が急激に崩れつつあることを象徴しています。かつては学際的ということが言われましたが、今はあまり言われません。それを言うのが無駄なぐらい、さまざまな学問領域を越えた交流が、学問研究の広がりが、進んでいるからだと思います。

そういう中で、これまで研究と教育は一体のものと思われていましたが、次第に分化し始めました。1970年前後に、大学紛争の時期が日本でもありました。その中で70年代の前半に、筑波の新大学構想が出てきました。東京教育大学が筑波大学になるわけですが、教育の組織と研究の組織を分けるということが、新構想大学の大きな目玉になっていて、これを巡って激しい議論がありました。教育と研究は一体のものである、それを分けるのはけしからんということで、大変な議論があり、紛争の火種のひとつになったことを、記憶しておられる方も多いと思います。

それから二十数年経ちまして、最近では一部の大学が自分から進んで教育と研究を分ける仕組みを作るようになりました。教員は全員「研究院」というところに所属する。学生は大学院や学部に所属をする。つまり教員は研究中心の組織にいて、学生たちは教育のための組織にいる。先生たちは研究院から大学院や学部に教えに出ていく。そういう仕組みに自分たちで変革をしたわけです。教育と研究の一体性も、組織の上で大幅に崩れつつあるといってよいでしょう。

それから知の共同体型の大学では、社会との間の壁は、硬いほどいいと思われていました。産学共同などというのは、タブーでありまして、東京大学でも1980年代まで産学共同の問題を巡って、激しい議論があったことを覚えています。今は新聞を見ればお分かりのとおり、国立大学の先生でも民間企業の重役になることもできる。ベンチャー企業を作ることもできる。民間企業の研究者が大学に共同研究の形で、どんどん入ってくるといった事態が進行しています。また、大学は成人学習者に対しても門戸を開かなければということで、社会人入学を始めましたが、今や社会人入学などといわなくても、多数の成人学生が大学に入ってくる時代になっています。今、作られている法科大学院やビジネス系の大学院では、別に社会人入学などとはいいませんが、学生の大半が現職を持っている人たち、あるいはもっていた人たちで占められるという変化が起こっているわけです。

多機能化する大学

こうした変化の中で、大学はどんどん多機能化してきました。大学システム全体として多機能化してきているということもあります。大きな大学ほど、多機能化は進んでいるわけで、東京大学のような大学は、学部のほかにさまざまな研究所を持ち、大学院も独立の研究科が増えました。さらには企業との交流もあり、さまざまな形で社会との交流の接点がうまれ、従来の部局に関わらない組織が作られつつあります。ユニバーシティではなくて「マルチバーシティ」の時代が、ついにやってきたということです。

　このことを最初に言い出したのは1950年代にカリフォルニア大学の総長であったクラーク・カーという学者です。つい最近九十何歳かで亡くなられましたが、この人が初めてマルチバーシティという言葉を言い出しました。現在のカリフォルニア大学を見れば、まさに彼のいう通りの、最も典型的なマルチバーシティになっています。こうしたマルチバーシティ化した大学では、これまでの共同体型の大学のように、教授会自治を前提にしてそこで議論して決まったことを実施に移すという、ボトムアップ型の管理・運営は事実上、不可能です。クラーク・カーは当時、自分は国連の事務総長のようなものだと言っておりました。カリフォルニア大学は、部局というさまざまな国から成り立っている。そして、大学の教授は、それぞれに個性が強い人たちで、大学教授を横につないでいるのは何かというと、当時の話ですから、電話のラインだとかパーキングスペースについての悩みだけだというジョークを、カリフォルニア大学に行った時に聞かされたことを覚えています。

　日本の大学は今や、それに近い状態になりつつあるわけで、そうなればなるほどボトムアップ型に代えて、トップダウン型の管理運営システムを作らなければならないという認識が、管理運営にあたる人たちの間で強くなります。変化が早い中で、いちいち部局での意思決定を待っていたら、何も決定することができない。東京大学で私も学部長として、部局長会議に出席していましたが、総長の最大の嘆きは何の権限もないということでした。部局間の意見を調整し、部局が決めたことを実施するしかない。学長の権限を強化しなくてはということを、学長経験者ほど強く意識し、主張してそれが今日の国立大学法人化のひとつの伏線になってきたわけです。

それはともかく、大学が大きくなり運営に必要な資金が大きくなるとともに、それを負担している人たちは誰かという問題に、どうしても関心を向けざるを得なくなります。一体、大学のステイクホルダーは誰なのか。私立大学であればそれは、学生や学生の教育費を負担している親たちです。同窓会をもっていれば、卒業生・同窓生たちも大学にとってのステイクホルダーです。また、研究費を出す企業も、あるいは学生を採用する企業も、ステイクホルダーの一つでしょう。そして最終的な、究極のステイクホルダーは、政府、あるいは政府の背後にある納税者です。国立の大学や公立の大学は、どこの国でもこの最後のステイクホルダー、つまり納税者に対して自分たちが一体何をしているのかを説明しなければ、運営に必要な資金を十分にもらうことができないという状況に、だんだんなってきました。

そうしたさまざまなステイクホルダーとの間の利害、部局間の利害を調整しながら、全体のマネジメントをしていかなければならない。そのためにはどうしても大学運営の中枢になる執行部が、大きな位置を占めることになります。かつてのように教授会の構成員の中から選ばれた碩学が、学長として大学を運営していくという時代ではなくなって、大学の運営のプロフェッショナルが登用されなければならない時代になってきました。これは世界的に起こっている変化です。その専門家はどこから出てくるのか。どこの国でも、何よりも大学の教員の中から出てくることは間違いないのですが、そういう人たちがいなければ、大学が円滑に運営できない時代がやってきたわけです。

繰り返しになりますが、これは今はアメリカだけの問題ではありませんが、しかし、アメリカが最初に「知の経営体」型の大学を、実験しながら作りあげてきた国ですから、多くの国がそのアメリカのやり方を学ばざるを得なくなっています。そういう意味で、改革のグローバリゼーションは、アメリカナイゼーションとして現れているわけです。

辛辣な見方をすれば、それはまさに大学の「アメリカ化」です。ドイツも、イギリスも、フランスも、このアメリカナイゼーションの影響を逃れることができない。ましてやアジアの国の多くの大学は、このアメリカ的なやり方を学ばなければならなくなっている。中国の大学の国際的な評価が上がってきていますが、中国の大学がモデルにしているのはまさに、アメリカの経営体化した大学です。その点で日本の大学よりもはるかに進んでいる。中国の大学に行ってみますと、日本が社会主義で中国が資本主義ではないかと思うぐらい、大学のマネジメントの仕組みが違っていることが分かります。

そういうさまざまな問題があるわけですが、それでは日本の大学改革はいったいどうなっているのかを、これからみていこうと思います。

後発した大学改革

日本の大学改革は、先ほど来みてきました世界の大きな改革の流れに、少なくとも10年ぐらい遅れて始まっているということを、まず言っておかなければならないと思います。１９７０年前後の時代に、どこの国も大学紛争の大嵐に見舞われました。その教訓から学んだ国もありますし、あまり学ばない国もありました。日本は学ばなかった国の一つです。当時、おびただしい数の改革案を各大学が作りましたが、「薄皮饅頭あん（案）ばかり」と皮肉られたほど、ほとんど実現されないままに、しかも比較的泰平な時代がその後も続いてきました。何といっても日本経済は順調に成長して、それとともに大学進学希望者もどんどん増え、黙っていても学生はやってくる、就職の方も完全な売り手市場という時代が長く続きました。これは企業も大学も同じでしょうが、黙っていても経営がうまくいっている時に、改革をやろうなどと考える人はいるはずがないのであって、日本の大学も改革の問題はほとんど考えないでやってきたわけです。

ようやく1980年代の中頃になって、1984年に当時の中曾根政権が臨時教育審議会をつくりました。中曾根さんは、いろいろな評価のある人ですが、少なくとも時代の先を、いい意味でも悪い意味でも見ていたことは、間違いないと思います。彼は当時のサッチャー、レーガンのやっていることを見て、これからは行政改革の時代だと考えたのだと思います。教育についても同じような視点で、改革を考えなければならないといっていました。当時からすでに、教育についても大学についてもさまざまな議論がありましたが、臨時教育審議会は一定の明確な方向をうちだすというよりも、一大シンポジウムのような終り方をしました。しかし、その中で大学問題については、専門に考える審議会が必要だということが提言され、大学審議会が1987年に立ち上げられました。それまでは大学改革の問題は、中央教育審議会で検討されていたのですが、ここで初めて独立の審議会で検討されることになったわけです。

その大学審から最初に出てきた大きな答申が、1991年に出された「大学教育の改善について」という答申です。これはご記憶の方も多いかと思いますが、何よりも大学教育の改善、正に「教育の改善」をしなくてはならない。そのために設置基準を大幅に改める必要があるということが提言されました。

長い間、大学のカリキュラムは大学設置基準によって、きびしく縛られてきました。例えば、一般教育と専門教育を区分しなさい。一般教育の中には外国語の授業も、人文、社会、自然三系列にわたる授業も、体育の授業も入れなければいけません、といった縛りがあったわけです。それをこの91年の答申は、全て廃止することにしました。4年間のカリキュラム編成をどうするかは、各大学が自由に考えてくださいということになり、その結果、国立大学の教養部が数年のうちに姿を消して、現在に至っていることはご承知のとおりです。私立大学の中にも、これからは一般教育の課程をおく必要はないということで、1年次から専門教育中心の大学も増えてきました。同時に学部のカリキュラム編成が自由になりましたから、新しい名称の学部や学科を次々に立ち上げる大学も出てきました。

この時の改革でもう一つ重要なのは、教育方法の改善も勧告されているという点です。この勧告も多くの大学が、特に国立大学は文部省直轄の大学ですから、これに従うことを求められました。シラバス、つまり講義要項を作って学生に渡しなさいとか、FD（ファカルティー・ディベロップメント）で先生方の教授能力を高める努力をしなさい。それからセメスター制と呼ばれていますが、2学期制を導入して学期毎に完結した授業にしなさい。先生たちはオフィスアワーを設定すべきだ。学生による授業評価もお薦めです、というようなことが、いろいろ提言されました。初めて日本の大学が、教育改革に全面的に取り組むことを、政策的に要求されたわけです。その結果、大学にさまざまな変化が起こり始めたことは、これもご承知のとおりです。

もう一つ、並行して進んだのは大学院の整備・拡充です。これからは、専門人材や研究者の養成が重要だ、大学での基礎研究が重要だという話になりました。その後、文部大臣になります有馬朗人先生が東京大学の総長だった時に、「国立大学は棺桶化している」、国立大学は悲惨な状態にあるということを訴えました。その頃から世界の大学の中で、日本がどのように評価されているのか、国際的なランキングはどうなのかということが、新聞紙上でも話題にされるようになりました。日本の大学は国際水準からみると驚くほど低い評価しかされていないということが分かってきて、このままではいけない、研究のレベルを上げなければいけないという話になってきたわけです。それが大学院の整備拡充につながっていったということです。

行政改革という外圧

このように大学審議会の答申を中心に、文部省が舵取りをして大学改革は緩やかではありますが、進み始めたわけですが、その大学審議会の、いわば総仕上げ的な答申が、1998年に出されました

「21世紀の大学像について」という答申です。この答申は、目にされた方も多いと思いますが、「競争的環境の中で個性が輝く大学」という、キャッチコピーがついています。要するにこれからは、大学間の競争がますます激しくなる、その中でそれぞれの大学が個性を発揮しないと生き残れないだろう、というメッセージを伝えようとしたわけです。

記憶にとどめておかなければいけないのは、日本の18歳人口の問題です。後でもお話しますが、１９９２年にそれがピークに達しました。この年には２０５万人の18歳人口があったわけです。そのあと年々減少の一途をたどり、２００４年の春は約１４５万人、さらに数年後には１２０万人台まで下がっていく。18歳人口が減る、若者の数が減るのですから、入学者の数も相対的に全体に減っていかざるを得ない。それをカバーするのは進学率の上昇ですが、それが50％の線に近づいたところで頭打ちになり、高等教育の量的な規模拡大が終りを告げたころに、この答申が出されたということは記憶しておいていいことだろうと思います。

その１９９８年の頃にはまだ、それほどグルーミーなといいますか、暗雲たれこめた未来というのは予測をされていませんでした。「競争的環境の中で個性が輝く大学」という、まだ希望を持たせるキャッチコピーになっているのは、そのためかと思います。しかし、実はこの答申が出た頃に、すでに大学の外側ではもっと大きな変化が起こっていました。「外圧」といいますか、外側の世界での変化が、文部省が自分で高等教育システムの舵を取ることを許さなくなり始めていたのです。先ほどふれた三つのメガトレンドが、大学人が意識するかしないかに関係なく、日本にも急激に及んできて、それが特に政治家たちの危機感をかき立てる役割を果たしたといっていいと思います。

そこでさまざまな圧力が大学に及び始めました。それは一面では大学に対する期待が非常に高くなったことを表しています。大学を放置しておくことはできない。大学の質をもっと高めないと日本の将来が約束されないということに、ようやく政治家たちの目が向き始めたということです。大学を何とかしなければいけない。その何とかする仕方については、さまざまな考え方がありうるわけですが、そういう話になってきました。そしてその何とかしなければならないと考える外圧の、最初のきっかけを作ったのが、おそらくは1997年の行政改革会議の答申だろうと思います。

行政改革会議はこの時、行政の規模を可能な限り小さくする、イギリスに倣って行政機関のうち現業的な部門は切り離して、独立の事業体にしていく。「エイジェンシー」という考え方をイギリスはとってきたのですが、そのエイジェンシー化を進めていく。例えば、博物館をエイジェンシーにする。国のもっている研究機関もそうする。独立採算とはいいませんが、独立させてそこで経営の効率化を図っていくという方針を打ちだしたわけです。政府がもっている一番大きな現業部門は、郵政3事業と国立大学です。この問題は二転三転するので、詳しく述べる余裕はありませんが、要は行政改革の狙いはより小さな政府を作る。そのために、公務員の定員削減をしなければいけない。その定員削減は、はじめは10％という目標値が出されました。そのうちに20％になり、最後には25％というところまできました。それがちょうど、国立大学の法人化問題が持ち上がった時と、軌を一にしているのです。

25%の定員削減をするために何をするか。各省庁からまんべんなく25%減らすというのは絵空ごとですから、そこで狙われたのが一つは郵政の3事業です。郵政3事業を切り離してエイジェンシー化すれば、かなりの部分を定員削減したことになる。その郵政3事業が、政治家の間の抵抗が強くて見送りになって、次に狙われたのが国立大学です。国立大学は13万5千人ぐらいの教職員の規模をもっています。これをエイジェンシー化すれば事実上、25%定員削減をしたに等しいことになるという論理が、小渕内閣の時に立てられました。国立大学に矛先が向いてきたわけです。

行政改革会議の答申が97年に出た時は、国立大学も対象の一つになっていましたが、大学は特殊な教育研究の場であって、他の現業の機関とは違う。それをどうするかは、長期的な検討をすべきだということに、その時点ではなっていました。それが、あれよあれよという間に政治の中に巻き込まれて、国立大学がターゲットにされる状況が生じたのです。そして文部省はついに押し切られ、皮肉なことに元東大総長の有馬先生の文部大臣在任中に、国立大学の法人化問題の検討を開始せざるを得なくなりました。具体的には、国立大学法人化の検討会議を発足させることになったわけです。

これが初めて表に出てきた「外圧」の象徴的な形です。その次の年には、省庁改革の一環として省庁や審議会の再編統合があり、文部省は文部科学省になり、大学審議会は廃止されて、独立の審議会であったものが中央教育審議会の大学分科会になります。そして、その大学分科会が発足した同じ年に、文部科学省はいわゆる「遠山プラン」を発表するわけです。この遠山プランは、大学分科会の審議とは全く関わりなく、ある日突然出てきたものです。当時、新聞に「大胆かつ唐突に」という文章を書いたことを覚えていますが、悪評高い改革案が、その当時としては突出した形で出てきたわけです。

この「遠山プラン」の具体的な内容は、すでに別のところで見ておきましたので、ここでは概略にふれるだけにしますが、一つには国立大学の再編統合をする。一県一国立大学というのが、戦後長い間続いてきた国立大学の設置原則でしたが、それにこだわることはない。府県間を超えた大学の統廃合もありうるということを言っています。それから国立大学の半数以上が単科大学であるわけですが、それを再編統合したいということも言っています。各県に一つずつ教員養成の学部がありますが、これも各県一つずつ置く必要はない。卒業して教員になれる人たちが、今年は5割を超えましたが、その当時は3割程度しかありませんでした。3割しか教員になれない教育学部を存置する必要があるのか、教育学部はもういらない。近隣県の大学同士が話し合って、再編統合をしてほしいという話になりました。これが国立大学の再編統合です。

もう一つは、国立大学の法人化です。これは先ほど申し上げた通りです。三つ目に「トップ30」ということが言われました。大学の間に国際的に通用する水準の研究教育ユニットをつくる。10の領域にわたって、それぞれ30ずつ作るという話でした。現在は「21世紀COE」と呼ばれていますが、そういう構想が、これも突然浮上してきました。これまで国はお金を出す場合に、国立大学に対しては原則的に、一定の基準に基づいてできるだけ平等に配分してきました。私立大学に対しても、私立学校振興・共済事業団を窓口にして約3千億の補助金を各大学に一定の基準に基づいて、できるだけ平等に分配をする。「機関補助」といいますが、そういう方式で公的な資金の配分をしてきました。

ところがCOEの「トップ30」は、「もうそういう時代ではありません。これからは資金、とくに研究費は評価に基づいて、競争的に配分します」という姿勢を、初めて鮮明に打ちだしたわけです。国が支出している研究費の中で、競争的に配分されているものとしては、科学研究費があります。科学研究費は、それぞれの研究者が自分で研究のテーマを立て、研究計画を作り、応募して審査を受け、研究費をもらうわけですから、これも競争的な評価に基づく配分ということになります。しかし、大学の中の特定の研究組織やプロジェクトを評価して、競争的に資金を配分するプログラムというのは、COEが初めてです。しかも国公私を通じて、助成の対象とするというのは大きな改革です。

その次の年度には、今度は教育についても同じようなことをしようというので、「教育COE」あるいは「COL」さらには「GP（グッドプラクティス）」などと呼ばれるプログラムが、予算額は小さいのですが、始まったこともご承知の通りです。「公的資金をこれまでのように平等に分配する方式から国公私立を問わず、評価に基づいて競争的な資金配分をする方向に転換します」ということを宣言したといってよい。その意味で私立大学にとっても、非常に大きな意味をもった改革だと思います。

もう一つの国立大学の再編統合の方は、私立大学は関係ないと思われるかもしれませんが、私立大学には国立以上に小規模な単科大学がたくさんあるわけで、これも後でお話しますが、やがて多数あるその私立の単科の小規模大学の再編統合問題が起こってくる可能性があります。国立大学の再編統合の問題は、その先触れとみるべきかもしれません。国立大学の法人化も国立大学の問題だけではなく、私立大学にも公立大学にも大きな影響を及ぼす問題だということは、あとでまたお話をさせていただきますが、そういうことが2001年に打ち出されました。遠山プランは決して国立大学だけを対象とするものではなかったのだという点は、記憶しておいてよいことだと思います。

大学分科会の三答申

その後、2002年になりまして、先ほどの大学分科会は初めて三つの答申を出しました。第一は「新しい質の保証システムについて」というものです。二番目は「専門職大学院について」の答申、それから三つ目は「法科大学院について」の答申です。法科大学院は専門職大学院の一種ですから、二番目と三番目の答申は関係し合っていることになります。

一番目の「新しい質の保証システムについて」という答申は、これも後でもう少し詳しくお話しますが、当時の行政改革の流れと深く関係しています。行政改革の流れを主導しているのは、一つは総合規制改革会議、オリックスの宮内会長が議長をしている会議です。それから経済財政諮問会議があります。この二つが、いま進んでいるさまざまな規制改革の、もっとも中核的な機関といってよいかと思います。参謀本部といってもいいかもしれません。そこから出されるさまざまなプランが、政策化されて行政の側におりてくるという構造になっているわけですが、当時の遠山大臣が改革プランを出さざるを得なかった背景には、それをしなければ文部科学省がもたない、という判断があったからだろうと思います。経済財政諮問会議と総合規制改革会議の方から、強いプレッシャーが文部科学省にかかっていたわけです。大学分科会が出した2002年の三つの答申も、この「外圧」と深い関係を持っています。

「新しい質の保証システム」答申は、総合規制改革会議のキャッチコピー、「事前規制から事後チェックへ」にそったものです。行政が事前にさまざまな規制をするのはおかしい。規制は可能な限り緩和するか廃止すべきだ。事後チェックのシステムに委ねるべきだというのが、そのキャッチコピーの意味するところです。

「事後チェック」とは何か。それは、一つは市場のメカニズムであり、もう一つは評価のシステムです。文部省は長い間、大学設置基準で、大学のあり方を縛ってきましたが、それを緩和するか廃止すべきである。あとは市場の力に任せて、優勝劣敗でやればいいではないか。あるいは、評価システムを別に作って、文部科学省から離れたところで結果を評価をし、優劣を判断すればいいではないかというわけです。これが「新しい質の保証システム」で、質の保証を政府が自ら行うのでなく、第三者である評価機関に委ねようという考え方です。

二つ目の「専門職大学院」は、日本の大学院は研究者を養成しているのか、職業人を養成しているのか分からない。もっとはっきり職業人の養成をうたった大学院の設置を認めるべきだという考え方です。職業人養成の大学院については、「専門大学院」構想というのが、98年の「21世紀の大学像」

答申の中にすでに出されていまして、それに基づいて専門大学院が２０００年から２００３年の間に、10校ほどつくられました。ほとんどがビジネス系です。典型的なのは一橋大学の国際企業戦略研究科で、青山学院大学も国際マネジメント研究科という専門大学院を作りました。しかし専門大学院ではまだ不十分だ。もっと職業目的のはっきりした人材養成をする大学院の設置を大幅に認める必要がある。そうした大学院では、学生に学位論文を書かせる必要はない。研究指導も要らない。教員の一定数以上は必ず外部の実務家を入れるべきだ、ということになりました。その新しい「専門職大学院」も研究科と名乗ってはいますが、研究や研究者養成をするわけではない。専門的な職業に従事する人材養成に特化した大学院です。それを積極的に作っていこうというのが、専門職大学院構想です。

三つ目の答申は、法科大学院に関するものですが、実は専門職大学院制度そのものが、法科大学院構想に引っ張られてできたといってもいいわけで、２００４年の春に68校の法科大学院の設置が認可されました。その法科大学院構想は、もともと文部科学省から出てきたのではなく、司法制度改革の一環として出てきた話です。日本の司法制度を欧米諸国並みに改革しなければいけない、そのためには今の司法試験の合格者、今１３００人程度ですか、その数を３０００人まで増やす。増やすだけでなく、司法試験制度も改めて大学院で教育を受けた人たちを対象に試験するようにする。卒業者の7割程度が合格するような新しい大学院制度を作るというのが、その構想でした。

このように、司法制度改革の一環として法科大学院構想が出てきて、文部科学省はそれに対応して専門職大学院制度の創設まで、検討をせざるを得なくなったのです。法科大学院の発足が２００４年の春からということに、タイムスケジュールが決まっていましたから、必ずしも十分なすり合わせがないままに、法科大学院構想に引きずられる形で専門職大学院が制度化されたと言えるかと思います。専門職大学院制度ができたら、一般の大学院はどうなるのかという問題が十分に検討されないまま、二つの答申が出ることになりました。

それ以外のビジネス系の専門職大学院についても、なぜ制度化が急がれたかといえば、経済財政諮問会議や経済産業省の方から、こういうタイプの大学院を作るべきだという強い要請があったからです。今、MOTという言葉が企業や一部の大学関係者の間で流行っています。「マネージメント・オブ・テクノロジー」です。要するに経営の分かる技術者です。そういう人材を養成するところがない。そうした人材養成のためにも、専門職大学院制度が必要だという話になりました。芝浦工大とかいくつかの大学がすでに開設していますが、次々にそういう専門職大学院を作ることを可能にする仕組みとして、専門職大学院が構想されました。法科大学院も、必ずしも文部科学省がはじめから望んだわけではなく、外からの圧力に押されて検討することになったわけですから、大学分科会の最初の三つの答申がいずれも、文部科学省の自発的なリーダーシップで進められたというよりも、外側から及んできた、あるいは投げかけられた問題提起に、文部科学省が否応なく対応せざるを得なかったという形で、なされたというのが実状ではないかと思います。

混迷するフロンティア

2003年の夏には、国立大学法人法も遂に成立しました。これもさまざまな問題を抱えていますが、すでに2004年春の国立大学の法人化という、タイムスケジュールはセットされましたから、それに間に合うように法整備も進められなければならない。2003年の8月に法人法が成立したあと、政令とか省令、それ以外の規程をいろいろ作ってシステムの形が決まっていったわけですが、新しい89の国立大学法人にどういう方法で、どういう基準で予算を配分するのか、財務省と文部省との間で最終的な決定がされたのは、法人化の直前になってからでした。国立大学の学長会議で予算が毎年、自動的にカットされる仕組みを財務省が導入しようとしているのは、約束が違うではないか。6年間は予算を動かさないと約束したではないかというので、進退をかけて抗議をするという一幕もありました。

ようやく一斉に国立大学法人が発足したものの、まだ、曖昧なままに残されている問題がいくつもあります。国立大学の法人化は百年に一度というほどの大事業ですが、その事業をするための手順が十分整わないままに、改革だけが自己目的化して進んでいるのではという感じを、関係者の一人としては強く受けてきました。

急ピッチで前のめりに改革が進んでいる。しかもその改革はほとんどが、欧米諸国で進んでいる改革に対するキャッチアップ型です。例えば司法制度につきましても、今頃になって弁護士の養成数を年間1300人から3000人に増やさなければいけない。アメリカには100万人を超える弁護士がいて、毎年4万人ぐらいの弁護士が養成されているようです。国際競争が激しくなって、今やアメリカは弁護士業務についても、門戸開放を求めています。アメリカの法律事務所を、日本に作らせろという話もあります。公認会計士の問題も含めて、さまざまな専門的職業の領域でこうした問題が起こってきています。グローバル化が急進展する中で、日本は後追いしていることになるわけです。

後追いをしているだけに、政治家の抱いている危機感には強いものがあります。そのために、規制をなぜ緩和したり、廃止したりするのか、改革したらどのような影響が及ぶのかの十分な検討なしに、規制改革そのものが自己目的化しているのでは、という感じが強くします。大学というのは、社会の中の弱い部分です。その弱い部分に「外圧」が強くかかっているというのが、現状ではないのか。そして文部科学省自身が、こうした「外圧」で進んでいく改革の中で、自分たちがリーダーシップを握って、全体像を見通して動かしていくということが難しくなってきているのではないか、と思うのです。

今、直面している問題の一つは、構造改革特区に株式会社高校や株式会社幼稚園、株式会社大学の設置を認めろという議論です。すでに認めてしまったのですが、これなども文部科学省の考えとは全く違った改革構想を、外側から突きつけられているわけで、進めている改革の全体像が、文部科学省自身にも見えなくなってきているのではないか。文部科学省が見えないだけでなく、改革の現状についてさまざまな報道をしているマスコミ自身にも、見えているとは言いがたい。あまりにもいろいろな方向に、偶発的に改革の前線が拡大していく。文部科学省という参謀本部が、十分に作戦を組み立てる時間も能力もないままに、戦線だけが拡大して、前線の指揮官とでも言うべき学長を始めとする大学のリーダー層が困惑している状態になっているのではないか、という気がします。

2000年代の問題

この数年はとくに、改革が外圧に押されて進行してきた、その外圧の基底にはメガトレンドがあるという話をしてきましたが、もちろん、日本の大学は日本に固有の問題も抱えているわけで、そうしたメガトレンドと固有の問題とが相乗化されて、前のめりの改革になっているのだということも、理解しておかなければいけない点だろうと思います。決して外圧だけで動いているわけではありません。日本に固有のトレンドがあって、それも、文部科学省が意識するとしないとにかかわらず、改革を求める力となって押し寄せてきているからです。

繰り返しになりますが、その一つは人口変動で、先ほども触れたように、18歳人口が急減していますが、それは裏返せば教育問題でもあります。少子高齢化社会に急激に進んでいる。年金や福祉が政治の大きな問題になっていますが、それは少なくなっていく若い世代が、知識化・情報化していく社会の中で、いかにして自分たちの知的な能力を高め、先端科学技術競争に勝ち抜き、今の豊かさの水準を維持し、さらに高め、増加の一途をたどる高齢者層を支えていくかという問題があるわけです。そういう視点から教育問題を、大学の問題を考えていかなければなりません。

二番目は経済変動です。経済成長が鈍化して経済の活力が低下しているのは、あらためていうまでもないことですが、そうした中で産業・職業構造が急激に変わってきています。リストラ問題はその象徴的な現われですが、もう一つ、フリーター問題があります。若い世代のフリーター問題、中高年齢者のリストラ問題です。これらはいずれも職業構造や産業構造の大きな変化と関わっているわけで、日本は急速に第2次産業、製造業中心の社会ではなくなりつつある。サービス産業を中心とした第3次産業といいますか、第4次産業といいますか、その部分がどういうタイプの人材を、どのような形で吸収するのかについて、はっきりした見通しがついていないというのが、問題の根底にあるのではないかと思います。

先端科学技術競争が激化して、中国や韓国のような近隣諸国の追い上げも、製造業についてはすでにある。ＩＴの領域でも、例えばインドや中国は、日本よりもある意味で先端的なところを走っている。税収が増えないで、政府の予算規模が40数兆のところで横ばいになっており、政府の財政が借金まみれになっていることもご承知の通りです。国立大学といえども、この問題を無視して自分たちだけがもっと運営費交付金をというわけにはいかない状態になってきているわけです。

政策の面では、先ほど申しましたように新保守主義や新自由主義ということで、政府は小さければ小さいほどいい。可能な限り政府の果たしているさまざまな役割を、民間に譲り渡していく。残っている人員と予算は、市場原理を導入し、効率化して予算カットを図っていく。国立大学はまさにそのターゲットにされていて、それが競争と評価を制度化して、資金や資源の効率的配分を図るための法人化につながっているわけです。

三つ目に、教育と一番関係の深い教育変動について言えば、日本の教育は全体として明治以来、つねに成長産業でした。子供の数が増え、進学率が高まり、これまでずっと右肩上がりの成長を続けてきたのですが、その右肩上がりの成長もどうやら飽和状態に達しています。大学・短大進学率は、50%の線を超えるかと思われましたが、超えないで、ここ数年は停滞ないし減少気味になっています。49・1%というのがこれまでの一番高い数字で、2003年は48・5%、逆に下がり気味になっています。自分の希望通りかどうか別にして、選り好みさえしなければどこかの大学に、しかも事実上無選抜で入れる状態が、すでにつくられているわけです。

そうした中で、学力低下問題が深刻になってきています。しかも、その学力低下は、学力以上に学習意欲の低下の問題になっている。就職が厳しくなる中で、実学志向が強くなってきて、「職業主義(ボケーショナリズム)」といいますか、職業的な知識や技術を身につけたいという学生の欲求は、大学でも非常に強くなっています。大学・短大の入学者数が減少している中で、専修学校の入学者だけがこの数年横ばい状態で、18歳人口の約20%をしめているというのも、そうした職業主義の表れといってよいでしょう。

また、公立の学校の地位が低下して、私学への志向がとくに大都市部で強くなっているというのも大きな変化で、それとともに教育を受けるのなら受益者負担が当然ではないか、つまり公立でも授業料で賄う部分を増やせという圧力が強くなっています。こうした問題が今、日本的な変動要因としてさまざまに、大学の改革を求める力として作用しています。そうした中で、日本の大学改革はこれからどうなるのか、それをこれから考えてみたいと思います。

七つの課題

先ほど来申し上げてきましたように、1998年に大学審議会から「新しい大学像」答申が出た時には、これで21世紀の最初の10年ほどの期間について、高等教育の進むべき道はほぼ明らかになったと考えられていました。ところが予想に反して、その後に起こった外圧による変化がいかに大きなものであったかは、これまでみてきたとおりです。その結果、21世紀を迎えてまだ数年しか経っていないのに、「新しい大学像」答申は21世紀を展望する答申とはいえなくなってしまいました。

文部科学省は今、中教審の大学分科会に「グランドデザイン」の検討を求めています。つまり、高等教育・大学の未来像を改めて検討する必要性に迫られているのです。98年の大学像答申は、まさに一つのグランドデザインであったわけですが、もうそれを放棄とはいわぬまでも修正して、新しい大学像・システム像を描かなければならないところに追い込まれている。しかもこれから先には、これまで指摘してきた外圧とは別に、高等教育・大学の世界自体に大きな変化を呼び起こすような改革や新たな問題が、目白押しに具体化の段階を迎えているのです。

最初に、これは私が勝手にそう呼んでいるのですが、「２００４年問題」があります。ご承知のように、２００４年には国立大学法人が発足をします。法科大学院を中心にした専門職大学院の制度も発足をします。さらに、後でお話しますが、認証評価制度という、新しい評価のシステムも出発します。そしてもう一つ、急速に審議が進んでいる「私立学校法」の大幅な改正がやってきます。これが２００４年問題です。

それから「２００６年問題」と呼ばれている問題があります。２００６年というのは、新しい学力観、いわゆる新カリキュラムで勉強した高校生が、大学の門にやってくる年です。つまり、大学に進学してくる学生たちの学力の質が変わることが予測されているわけです。その、これまでと違ったカリキュラムで学んできた学生に、どう対応するのかという問題です。学力には、先ほどもふれましたが、狭い意味での学力と広い意味での学力があります。広い意味での学力は、学力と学習力とでもいうべきものから成り立っていて、「学習力」の中には学習意欲の問題がふくまれています。最近では、学力問題に関心を持つ人たちの多くが、基礎的な知識やスキルが身についているかどうかということ以上に重要なのは、学習をする意欲を子供や若者たちが持っているか、持続的な学習への意欲を身につけて大学の門までやってくるのかどうかだと、指摘しています。国語の力が足りない、数学の力が足りないという以上の問題が、この学習力といいますか、学習意欲の低下の問題にあるということを見落としてはならないでしょう。

もう一つは「2009年問題」、あるいはもっと早く2007年頃にやってくるかもしれない問題です。繰り返しふれてきましたように、18歳人口が年々、着実に減少していく。ごく近い将来に110万人台まで減少したあと、それが1990年代初めのように200万人台まで戻ることは、よほど大幅な出生率の上昇でも起こらない限り、ありえないと予測されています。

そうした中で大学は、短大からの昇格が中心とはいえ、大学・学部の新増設は依然として進んでいます。これまでは文部科学省が地方分散化政策をとり、大都市部の大学新増設をきびしくコントロールしてきましたが、それも政府の規制緩和政策の一環として、新増設抑制は問題だ、もっと自由に競争させるべきだというので、撤廃されました。大学の設置は今や自由になったわけで、入学定員は年々増えますが、進学希望者の数は増えない。完全に頭打ちになっていますし、進学希望率自体が横ばいになっている。18歳人口が減少して進学希望率が横ばいだということは、進学者数が減少するということで、2007年か2008年頃に大学の収容能力が大学進学希望者の数を上回るときがやってくるということです。正式なデータはなかなかつかみにくいのですが、今すでに短期大学で約6割、私立大学でも約3割は定員割れだといわれています。それが、さらにきびしい状況になるというのが、2008年問題です。

このようにこれから先、2000年代の最初の10年の残された期間を見ても、大きな変化の波が大学にやってくると予測されるのですが、それではこの10年ぐらいの間に、具体的に何が起こると考えられるのか。七つほどのポイントをあげて考えてみたいと思います。

第一に国立大学の法人化の問題があります。この法人化は決して国立大学だけの問題ではなく、すでに公立大学も、国立大学と同様に法人化の動きが進んでいます。それだけでなく国立大学のあり方は、日本の私立大学にとってもいってみれば一種のモデルとしての役割を果たしてきましたが、その国立大学が法人化によって、いわば私立大学の方に一歩近づくことになる。「プライバタイゼーション」と呼ぶ人たちもいます。国立大学には、学長をヘッドとする役員会を置いて、副学長を含む学長指名の理事で構成する。理事は主として学内から選出されますが、学外者も入ることになっています。そういう役員会が大学運営の責任を負う。大学運営について、経営の側面は「経営協議会」というものをおいて、そこで審議してもらう。経営協議会のメンバーの半数は第三者、つまり大学関係者ではない人の中から選ぶことになっています。もう一方の教学の方は、教育研究評議会を置く。評議会はこれまでも国立大学におかれていましたが、各部局の代表者を含む教員が集って教学の問題を議論する。

それから各大学は中期目標、中期計画を立てて、6年間を見通したプランを作って大学の経営を考える。これによって初めて、自分の大学の目指す目標は何かを、自覚させられた大学も多いと思います。わが大学は地域社会に対する貢献を中心に、これからは地域拠点大学として生きていくとはっきり宣言する大学も、地方国立大学の中に出てきました。

国立大学は先ほどのステイクホルダーの問題でいえば、納税者によって支えられている大学です。当然、納税者に対して説明責任がありますので、これまで以上に情報を開示していかなければならない。国から一定額の運営費交付金がきますが、自己収入を上げる努力もしなさいということで、授業料も10％程度ですが一定幅の中で引き上げることが可能になりました。入学定員を増やすことは容易ではありませんが、研究費を外部から導入する、病院の診療報酬のアップを図るなどして、自己努力をしなさいということになった。

そのためにも、何よりも財務経営の合理化が強く求められています。こうした動きが公立大学にも波及して、さまざまな動きを引き起こしていることは先ほどふれたとおりですが、やがては私立大学も、これまで以上に国立大学と競合的な位置に立つことになります。私学関係者の中には国立大学の改革が本格的に進んだら、太刀打ちできないのではないか。持っている資源の量が違う、と危機感をもつ人たちもいます。設置の形態にかかわりなくすべての大学が生き残りと、さらなる発展をめざして経営努力をしなければいけない時代がやってくることは、間違いありません。

二つ目に、法科大学院を含む専門職大学院制度が発足しました。専門職大学院を新たに作らない大学もありますから、全ての大学がこの問題にかかわりを持っているわけではありませんが、職業主義の強い大学院をもつ大学の数が、着実に増えていく可能性があります。法科大学院以外にも、ビジネス系の大学院を開設する大学が増えるでしょう。助産師を養成する専門職大学院を開設した大学もあります。いろいろな形で、職業人の養成に特化した大学院が出てくるでしょう。教育における職業主義は強くなる一方です。その傾向が、これからは学部段階よりも大学院でいっそう強くなっていくと思われます。

それは同時に大学にとって、教育の新しいフロンティアが開けてくることを意味しています。専門職大学院という、この新しいフロンティアでの大学間競争が、さらに激しくなるでしょう。外部から研究費を潤沢に受け取ることのできる、研究大学院重視の「研究大学」間の競争のほかに、学部・大学院ともに職業人養成に特化した「専門職・職業大学」とでも呼ぶべき大学間の競争が、これからだんだん激しさを増していくだろうと思います。

専門職業教育の重点が大学院レベルに移ってくれば、その影響は当然、学部教育にも及んでいきます。学部教育をどうするのか、例えば、法科大学院を開設した大学は、これまでの学部段階の法学教育をどうするのか、否応なしに検討を迫られることになります。ビジネス系の大学院もその数が増えていけば、従来からある経営学部や商学部、経済学部、さらにはその上に作られた従来型の大学院研究科のあり方を問われることになります。

学部段階の教育はこれまで教養教育、職業教育、専門教育という三つの役割を担っていました。大学院進学者が平均でも3割に近い理工系の大学・学部では、学部段階の教育は専門基礎教育だという考え方もありますが、大学院の比重が高まる中で、学部の4年間で何を教育すればよいのか。教養教育なのか、職業教育なのか、それとも専門教育なのか、さらには専門基礎教育なのか。それが否応なしに問われる時代が、すでにやってきています。そしてこの学部教育の問題をどう考えるかによって、その大学が学生にとって真に魅力のある大学になるかどうかが、決まってくるのではないかと思います。

その際に、大学院を含めて、高まっている教育の職業主義には、危険が伴っていることを見落としてはならないでしょう。一部の資格職業は別として、学部の4年間で職業人としてすぐに役立つ教育をするのは、きわめて難しいことです。これだけ変化の激しい、職業構造や産業構造が急激に変化していく時代に、専門職業教育、あるいは職業教育として大学で与えられた知識や技術は、たちまちアウト・オブ・デートになってしまうでしょう。それよりもしっかりした基礎的な教育が重視される時代が、すでにやってきている。いったん社会に出て職業についたあと、職業上の必要に応じて大学や大学院に戻ってくるとか、あるいは大学や専修学校で短期間、インテンシブに専門的な職業教育を受ける傾向は、これからさらに広がっていくことが予想されます。

そうなれば、特に小規模の、人文・社会系学部中心の大学は、総合大学以上に学部段階の教育をどうするのかを、否応なく考えざるを得なくなるでしょう。人間形成教育にするのか、大学院への進学準備教育をめざすのか、それとも大学院とは違った水準や内容の職業教育に進むのか、さまざまな選択肢がありうるでしょうが、専門職大学院の発足は、そういう問題を大学院だけでなく学部段階の教育にも、つきつけているのです。

認証評価と私学問題

三つ目は認証評価制度です。この認証評価制度が、具体的にどのように運営されていくのか、今の時点ではまだほとんど予測がつきません。なぜなら今のところまだ、文部科学省の認証を受けた評価機関は、ひとつもないからです。文部科学省は学校教育法を改正して、全ての大学が第三者、外部者による評価を受けなければならないと、まず決めました。その評価を「機関評価」と呼んでいます。その機関評価を実施するには、評価を目的とする評価機関が作られなければなりません。

いまはまだ認証は受けていませんが、これまでの実績のある評価機関としては、一つはご承知のように大学基準協会があります。国公私を通じて、アメリカ的な「アクレディテーション」と呼ばれる、大学自身による自発的な評価方式のもとに実績を積んできた団体です。もう一つは国立大学対象の大学評価・学位授与機構です。ここでは国立大学を対象に、これまで3年にわたって評価のパイロット・スタディを進めてきました。ただ、そこでの評価は、いくつかの教育研究分野を対象にした「専門分野別」評価と「テーマ別」評価で、大学をトータルに対象にした「機関評価」の経験は、まだありません。

このほかに、私立大学協会と私立短期大学協会が、評価機関の立ち上げを計画しています。これらが今の時点で、認証を受けることが予想されている評価機関ですが、それぞれの評価機関がどのような方式で、どういう基準に基づいて評価を行うのかは、まだみえていません。いずれにしてもすべての大学に、文部科学省の認証を受けた評価機関による評価を受けることを義務づけた、認証評価制度が2004年の春に発足します。受けた評価の結果は、文部科学大臣に報告されると同時に、社会に公表されることになっています。

機関評価は、7年に一度受けなければなりません。700もある大学が一度に評価を受けることにしたら、大変なことになりますので、7年の間に受ければいいということになっています。その前提として、それぞれの大学はまずきちんと自己点検評価をしておかなければなりません。外部者の評価にさらす前に、自分自身でやっていることをきちんと整理し、評価をしておくことは、第三者評価を受けるための不可欠の前提条件です。

その自己点検評価も、どの大学がどの程度きちんとやっているのか、あまりよく分かっていません。国立大学は、一応全ての大学が1990年代の初めから実施していることになっています。確かにどの大学からも、大部の自己点検評価報告書が出されていますが、本当にそれが単なる「現状報告」でなく、「点検評価」になっているかどうかについては、関係者の間でも疑問が出されています。私立大学の場合には、全く自己点検評価を実施していない大学が、少なからずあるようです。そうした中で、本当に第三者の目にさらすことのできる自己点検評価を、どれだけの大学がきちんと実施できるのか。

自己点検評価をして第三者の目にさらすというのは、別の言い方をすれば、大学がプラン・ドゥ・

シー、あるいはプラン・アクション・チェックでもいいのですが、要するに一定の、先を見通した計画を立て、それを実行に移し、その結果何がどこまで達成されたのかをチェックするシステムが、制度として定着しているかどうか、ということです。これは企業に限らず、大学もひとつの経営体であるとすれば、当然やらなければならないことです。それが、一体どこまでできているのか。

国立大学はこれまで一度も、それをやったことがありません。なぜなら予算は毎年、国の決めた額が自動的に配分されるわけで、その予算を年度末までに一銭の狂いもなくいかに使いきるかが、これまでの努力のしどころでした。「プラン」も「チェック」も自分たちで主体的にすることを期待されていない。しかももっとも大きな比重を占める人件費は、完全に別になっていました。経営は全くなかったし、評価の必要も乏しかった。それがこれからは、すべてではないにせよ自力で資金を獲得し、予算を組み、それぞれの部局や支出項目別に配分し、効率的に使わなければならないことになりました。

私立大学の場合には7年間に一度の評価ですが、国立大学の場合は6年間の中期目標・中期評価を出して、それについてどこまで実績を上げたか評価をうけ、それ応じて予算の配分額が決まる新しい制度に移行しました。認証評価制度のもとでは国立だけでなく、公・私立の大学も評価を義務づけられるわけで、それを避けて通ることはできません。自分たちの大学としての経営体質なり、教育活動なりの自己点検評価を、いやおうなくせざるを得ない方向に、これから進んでいくことになるわけです。

四つ目は、私立学校法の改正です。これはまだ最終的に議会を通っていませんが、原案によるとまず、これまで曖昧だった理事会を中心とした管理運営体制を明確にすることが、めざされています。この改正が実現すれば、おそらくはあらためて私立大学における経営側と、教授会を中心とした教学側との関係が、問題になるでしょう。

例えば日本の私立大学の場合、特に歴史の古い大学や、設置者が特定の個人ではない、オーナー型ではない大学には経営と教学、理事者側と教学側とが一体化しているところが、これまで少なくありませんでした。教職員の投票によって学長が選出され、その学長が自動的に理事長を兼ねる。そして、理事にも教職員が任命される。慶応や早稲田もそうですが、伝統的な大学ほどそうした大学が多くあります。

ところが国立大学法人は、そういう制度をとっていません。学長は理事の選任権を持っており、理事を中心に組織された役員会が、執行部として大学の管理運営にあたることになります。これまでとは比較にならないほど大きな権限を持つその学長の選任は、事実上、間接選挙方式に移行することになっています。もちろん候補者を選定したり、絞っていく過程にさまざまな形で、教職員の意向を聞くための投票の機会が組み込まれていますが、最終的な選任機関は、新たに設置される学長選考会議になります。この会議には経営協議会の外部委員が半数必ず入り、教学側である教育研究評議会から選ばれた学内委員とともに、学長の選考にあたります。そうした国立大学法人の新しい学長選任方式は、私立大学の学長や理事会のあり方にも影響をおよぼすことになるでしょう。

経営面についても、これまでの学校法人会計は基本金積立を中心に、かなり特異な会計になっていますが、その再検討も進んでいます。国立大学は、企業会計原則に基づいた会計システムを導入することになりましたが、私立大学についても、法人会計のあり方を見直す動きが進んでいるわけです。

この問題は同時に、情報公開の問題とも深い関わりを持っています。経営や財務情報の公開は、今でも求められていますが、例えば、学長室の脇に貼ってあっても、学内広報に掲載しても、ともにそれで公開したことになっているようです。しかし、これからは誰もが見られるような形で、ホームページに載せるとか、学報に載せることを求められるようになるでしょう。この公開の問題については、「株式会社大学」のプレッシャーもあります。大学の自由な設置を主張する自由主義的な経済学者の中には、どうして企業に大学を設立させてはいけないのか。大学の中には、企業以上に利潤追求型で経営情報の開示に不熱心な大学がある一方で、株式会社の方が、学校法人よりも情報公開がきちんとなされているし、外部監査もきびしく義務づけられている。学校法人の中にも悪徳法人があるのだから、経営の透明性の高い株式会社立の大学を認めても問題はないではないかというのです。

構造改革特区ですでに、それが具体化し始めましたが、その結果によっては、特区以外の場所でも認められるようになるかも知れません。その意味でも、私立学校法や学校法人会計がどう改正されるかは、国立大学の法人化とあいまって、私立大学に大きなインパクトを及ぼすことになるでしょう。

学力低下と教員問題

五つ目は、学力の変質の問題です。入ってくる学生の学力が変わってくれば当然のことながら、大学は学部カリキュラムの再検討をしなければなりません。例えば、学力の変化に対応するために、今では多くの大学が補習教育を実施するようになっていますが、ますます多様な学力の学生が入ってくるのに、学力の検定もしないで補習教育をするというのでは、きわめて非効率です。この学生は高校2年程度の英語の学力があるのか、数学は高校1年程度なのか、それをチェックしないで誰でも入学できるようにすれば、専門教育が成り立たなくなります。入ってくる学生たちの学力のレベルを前提にした、あるいはそれを引き上げるためのカリキュラムを考えていかなければならないでしょう。

教員自身がのぞましいと思っているカリキュラムを、学生たちに一方的に与えるだけでは、教育が成り立たないという状況は、現実にすでに起こっているわけで、それがさらに深刻さを増していくでしょう。学生たちが、文部科学省のめざす「新しい学力」を身につけて入学してくるのであれば、高校までの教育が成功しているのであれば、彼らはこれまでの学生に比べてより積極的に発言し、問題を自分で探し出し、それを自力で解きあかしていく力を、きちんと身につけているはずです。たとえ基礎学力は低いとしても、それを補って余りある自発的な学習能力を持った学生たちであるはずです。

実際には、両方ともに低い学生が入ってくるのではないかという恐怖感が、学力低下論争を生んでいるのですが、いずれにしても、「21世紀の大学像」答申で、大学教育の課題としていわれていたのは、「課題探求能力」の育成です。初等・中等教育の「新しい学力」と似た言葉ですが、それが含意しているのは、知識を与えることが重要なのではなくて、知識を与えることを通じて、自分自身でどのように問題を発見し、解きあかしていく能力を身につけさせるかが大事なのだと、いうことだろうと思います。そういう教育上の課題を、大学はこれから本気で考えていかなければならない。

これまでも指摘してきたように、問題は知識の有無以上に、学習意欲の有無にあります。学習意欲があれば知識は獲得できるわけで、学習意欲を高めるような、知的にチャレンジングな教育を、大学が学生たちに提供することができるかどうか。知識を与えることと同時に、それを通じて学生たちにどのような能力を獲得させるのかが、重要になってくると思われます。

同時に大学は「見えるカリキュラム」、つまり教えられている授業科目だけではなくて、大学生活の中に埋め込まれたさまざまな「隠れたカリキュラム」を持っています。学生の教育・学習は、教室の中だけで行われているのではなくて、その外で、人間関係を含むキャンパス・ライフ全体で行われているのです。かつて、クラブ・サークル活動が、大学が正規の教育課程、つまり「見えるカリキュラム」の果たしえていない、あるいは果たすことの難しい、人間形成的な役割を代わって引き受けていました。実際に○○学部ではなく、△△サークルの卒業生だなどと学生が自称する時代もあったわけです。

今でもそこでの人間形成がノスタルジックに語られる戦前期の旧制高校では、学寮を中心としたキャンパスライフが、その中心的な役割を果たしていました。その旧制高校では、外国語の教育に多くの時間数を当てていましたが、それは英語やドイツ語、フランス語の力をつけることに本来の目的がある一方で、そこで使われる多くは人文・社会系のテキスト自体が、教養教育の役割を果たしていました。同時に学生たちは、大学進学の際の選抜をあまり気にしないですむ、開放的で自由な時間を使ってさまざまな文学書や哲学書を、つまり人間形成に関わる書物を、お互いに競うように読んでいました。そういう時代もあったわけです。

マス化どころか、ユニバーサル化の進んだ現在の大学キャンパスに、そうした、いわば自生的な人間形成空間が復活するとは到底思えないのですが、そうであればこそ、知的にチャレンジングな人間形成の場を、大学自身が意図的に、積極的に作っていく必要があるのではないかと思うのです。

学力低下を嘆き、批判して、その責めを高等学校以下の教育のあり方に求めるだけでなく、大学自体が何ができるのか、学生たちにどのような4年間のキャンパス・ライフを約束するのか、4年間をどう過ごさせるのか、それが大学にとって最終的にもっとも重要なことであり、教育課程として体系化されたカリキュラムは、その一部分でしかないのだという認識を、これから一層深めていくことが求められるでしょう。

六番目に、それとかかわって重要になるのは、「誰のための教育か」という問題です。国際的な調査の結果によると、日本の大学教員は、研究への志向がきわめて強いという点で、特徴的であることが知られています。「教育と研究のどちらを重視していますか」という質問に対して、日本の大学教員は、7割近くが研究と答えています。これに対して、例えばアメリカの大学では教育というのが、教員の7割の答です。もちろん大学によって、この答には差がありまして、ハーバードやスタンフォードのような「研究大学」の教員は、9割近くが研究と答えているのに対して、リベラルアーツカレッジと呼ばれる小規模の、教養教育を中心とした質の高い私立大学になりますと、教員の8割から9割が教育の方を重視しています。日本の場合には、そういう大学による違いがあまりないことも、分かっています。それがなぜなのか、ここで十分に説明はできませんが、現実としてそういうことがあるわけです。

さらに、日本の大学教員に特徴的な点として、その雇用形態があります。日本の大学教員は、雇用されたその時点から終身雇用、アメリカ的に言えばテニュアを自動的に保障されています。これは企業もほぼ同じで、大学だけが特別というわけではありません。他の国の大学では、若い世代の教員はなかなかテニュアが得られない。アメリカですと助教授（アシスタント・プロフェッサー）時代には、テニュアはありません。準教授（アソシエイト・プロフェッサー）になって半分くらいでしょうか。正教授になってようやくテニュアを持つことができる。

このこととも かかわって、日本の大学のもうひとつの大きな特徴は、教員の職階別構成といいますか、教授・助教授・講師・助手という職階による人員構成が、逆ピラミッド型になっていることにあります。教授が多くて、助教授以下が少ない。助手は医学部のような特定の学問領域を除いては、事実上、消滅しかかっていますし、専任の講師ポストも少ない。他の国では、教員の職階別の構成は、ほぼピラミッド型になっていますから、とくに若い世代の教員は、テニュアを得るため、教授ポストにつくために激しく競争しなければならない。アメリカでしたら、たとえば5年契約で助教授として雇われ、教育と研究に励んでも、なかなか昇進できない。一流の研究大学ですと、例えば5人が助教授として雇われて、そのうち残れるのは1人か2人です。後のものは別の大学に出なければならない。そういう競争と選抜を繰り返して、昇進していくわけです。

ところが日本は、教員の構成自体がトップヘビーになっているうえに、初めからテニュアがありますから、じっと待っていればそのうち教授ポストが空いて、上にあがれる。これまで一般的だった講座制自体、教授1、助教授1、助手1という構成ですから、助教授は教授が定年退職するか、あるいは他に移れば、よほどのことがない限りそのまま上がれることになります。

つまり、他の国の大学で日常的になっている競争が、日本の大学では起きにくい構造になっているということです。助教授から教授になるのは年功序列的な仕組みになっていて、十分な研究業績がなくても昇進できる人たちがたくさんいる。もちろん激しい競争がある大学もありますが、大方はそういう基本的に非競争的な構造になっている。

こうした構造のもとで、どのようにして競争状態を作りだしたらいいのかという時に出てくるのが、任期制の考え方です。どこかで区切りをつけて、そこで業績評価をきちんとしていかないと、ぬるま湯につかったままになってしまう。それが、日本の大学で任期制導入の必要性がいわれる、大きな理由になっているわけです。

その場合、任期制の導入そのものが重要なのではなくて教員の世界に、あるいは人事の過程に、評価のシステムを入れることにその基本的な目的があるのだということを、忘れてはならないでしょう。その評価の中には、教員の自己評価や相互評価もありますが、学生による授業評価も重要な一部です。学生の授業評価は、大方の大学の教員は好きでないようですが、しかし自己反省の材料としてきわめて重要だと思われます。同時に授業評価は、学生が教育・学習の過程に主体的に参加する手段だと考える必要があるでしょう。学生が無責任な評価をするから、授業評価は無駄だという考え方もあります。しかし学生たちに責任をもって評価をさせることは、教育・学習過程の一部として、学生と教員の双方にとってもきわめて重要だと思うのです。

もう一つ、大学の教員の場合、研究は教育と切り離せない関係にあります。しかしその場合の研究とは何かということも、考えてみなければならない点でしょう。大学教員の独自性は、教育が研究なしには成り立たないというところにあります。その意味での教育と研究の一体性がある。研究のための研究は、それを職業にしている人たち、すなわち研究者の仕事です。大学教員、とくに人文・社会系の教員の場合、基本的に研究は、それ自体が職業上の独立した役割というより、教育と一体化したものと捉えるべきだということを、研究志向がとりわけ強いとされる日本の大学教員は、改めて認識する必要がある。

いずれにしても、日本の大学教員の世界は、これから大きく変わっていかざるをえないでしょう。

大学淘汰の時代か

最後に七番目の問題は、大学淘汰の時代の到来です。これが大学にとって、一番厳しい問題かもしれません。2004年春の時点で、わが国には702校の大学があり、私立大学はそのうち526校を占めています。ある調査機関の調査によりますと、同じ春、入学者数を情報開示しない大学が約200校ありました。非開示校の数は、この3年ぐらいの間に急激に増えています。かつては20校とか30校のレベルでした。それはなによりも、定員割れを起こしている大学が増えているためと思われます。526校の私立大学のうちの200校ですから、きわめて大きな数字であることが、お分かりいただけると思います。

進学希望者というパイはどんどん小さくなっている。しかも先ほどふれたように、専修学校との競合が年々激しくなっています。職業志向が強くなればなるほど、学生たちは専修学校志向になる。なぜいま、法科大学院がつくられなければならないのか、皮肉な見方をすれば、大学の法学部が専修学校との競争に負けたため、といえるかもしれません。大学の法学部に行っているだけでは司法試験に、とうてい受からない。司法試験を目指す法学部の学生の多くは、入学と同時に司法試験のための予備校に二重在籍する。大学にはあまり行かないで、予備校で受験準備に励んだ方が司法試験に早く受かる。これは大学の法学教育の空洞化です。法律家の養成機能を予備校から取り戻すために、法科大学院を作らなければならなくなったという皮肉な見方も、かならずしも的はずれとはいえないでしょう。

これからは同じようなことが、職業教育のさまざまな分野で起こってくる可能性があります。専修学校は、かつては大学に行けない人を収容する場所でした。今は大学生が二重在籍する場所であり、大学を出てから行く場所でもあります。ということは、すでに専修学校自体に、「大学後」の教育をする部分が生まれているということです。たとえばデジタルハリウッドというIT系の専修学校は、専門コースにいる学生の8割までが大学出で、大学院卒までいる。それだったら、大学院を作った方が早いし、簡単にできるというので、株式会社大学院を作ろうということになったと聞いています。専修学校との競合は、実際に起こっているわけです。

文部科学省が、大都市部における大学・学部の新増設の規制をはずしたので、地域間でも、これから学生の奪い合いは激しくなります。すでに大都市部に学生が集中する傾向が強まり、地方の大学が苦境に立たされています。特に中・四国地方で顕著なようですが、東京や近畿圏に学生が集まって地域間競争が激しくなっている。

競争は同じ大学の内部でも起こりうるわけで、学部間で学生の奪い合いが起こる可能性が、受験産業の関係者によって指摘されています。例えば法学部、商学部、経済学部、社会学部といった、いくつもの社会科学系の学部を持つ総合大学では、どの学部に進学希望者が集まるのか、なかなか読めなくなっています。これからは学部間の競合が、同じ大学の中で起こる可能性がきわめて大きい。それぞれの大学・学部がどのように生き残っていけるのかが、規模の大小を問わずこれから最大の問題になっていくでしょう。最終的に生き残るのは400校ではないかとか、350校程度ではないかとか、さまざまにいわれていますが、今の時点ではまだ誰にも分かりません。しかしこの10年、いや5年の間にかなり大きな変化が起こることだけは、間違いないでしょう。

そうした中で結局、重要になってくるのは、それぞれの大学が誰を支持基盤にして存立していくのかという、先にもふれたステイクホルダーの問題です。もちろん、大学にやってくる学生が最も重要な支持基盤です。学生消費者という言葉もありますが、学生は教育サービスを買うためだけに大学にやってくる、たんなる消費者ではありません。大学という、経営体化したとはいえ、共同体であり続けている組織の一員として、大学にやってくるのですから、その学生たちが満足感を味わうことのできない、第一のステイクホルダーにすることができない大学の未来は暗いでしょう。

重要なステイクホルダーだという点では、卒業生も同様です。私立大学の関係者からすれば、意外に見えるかも知れませんが、これまで国立大学には学部単位ではともかく、大学全体としての同窓会をもっているところはほとんどありませんでした。その国立大学が、法人化が避けがたくなった頃から、同窓会作りに熱心になり始めました。大学としてのアイデンティティを確立し、精神的・財政的な支援を得るために、同窓会という卒業生の集団がいかに重要かということが、国立大学でも認識され始めたためです。

大学はまた、それが立地している地域社会も重要なステイクホルダーだということに気づき始めました。国立大学ではいま、地域貢献事業の重要性が言われ、県や市など地方自治体との間に協議会を作って、さまざまな活動を共同で実施するようになっています。私立大学の場合にも、今は全国的に学生を集めている大学はそれほど多くはないのですから、地域社会の中に大学を支持する人たちが増えなければ、発展をすることが難しい。そういう時代になっているのです。

国立の「研究大学」のような、大型の総合大学は急速に学生と教員の共同体的性格を弱め、マルチバーシティ化しつつあります。しかし、その対極には、とくに私立大学の中には、教育や人間形成を重視する、小規模なカレッジ型の大学がまだたくさんあります。そうした大学は、古典的な知の共同体という意味ではなく、学ぶものと教えるものの共同体としての性格を、これからも持ち続けることができるし、それを持ち続けていくことが重要な、存立発展の条件になるだろうと思うのです。

初出一覧

1章　大学改革――いま何が問題か
「高等教育システムの改革とその評価」(『平成15年度　都市圏高等教育懇談会報告書』日本開発構想研究所、2004年5月、所収)

2章　変わりゆく高等教育
「今後の日本の高等教育について」(『専修教育』No・23、専修学校教育振興会、2002年、所収)

3章　国立大学のゆくえ
「国立大学の構造改革」(『21世紀フォーラム』No・81、政策科学研究所、2002年1月、所収)
「国立大学の法人化と私学経営」(『私学経営』No・343、私学経営研究会、2003年9月、所収)

4章　評価システムをつくる
「中教審答申と新しい質の保証装置」(『大学評価研究』No・3、大学基準協会、2003年6月、所収)

5章　専門職大学院の衝撃
「専門職大学院の問題点」（『法科大学院と研究者養成の課題』日本学術会議第2部、2003年6月、所収）

6章　「教育」改革のいま
「新段階の大学改革」（『2002年度第8回FDフォーラム報告集』大学コンソーシアム京都、2003年3月、所収）

7章　大学改革を俯瞰する
「新段階を迎えた大学改革」（『特別講演会記録』長野大学、2004年6月、所収）

著者略歴
1936年　神奈川に生れる
1966年　東京大学大学院教育学研究科博士課程中退
1971年　名古屋大学教育学部助教授
1984年　東京大学教育学部教授
現　在　国立大学財務・経営センター教授

主要著書
『試験の社会史』(1983年，東京大学出版会)
『高等教育の日本的構造』(1986年，玉川大学出版部)
『大学―試練の時代』(1988年，東京大学出版会)
『近代日本高等教育研究』(1989年，玉川大学出版部)
『大学―変革の時代』(1994年，東京大学出版会)
『日本の教育システム』(1996年，東京大学出版会)
『教育と近代化』(1996年，玉川大学出版部)
『大学―挑戦の時代』(1999年，東京大学出版会)
『日本の高等教育システム』(2003年，東京大学出版会)

大学改革　秩序の崩壊と再編

2004年　9月15日　初　版
2005年　8月20日　2　刷

[検印廃止]

著　者　天野郁夫《あまのいくお》

発行所　財団法人　東京大学出版会
代表者　岡本和夫
113-8654 東京都文京区本郷7-3-1　東大構内
電話 03-3811-8814　Fax 03-3812-6958
振替 00160-6-59964

印刷所　株式会社精興社
製本所　誠製本株式会社

ISBN4-13-053077-1 Printed in Japan